Bernhard Moestl

Die 13 Siegel der Macht

Bernhard Moestl

Die 13 Siegel der Macht

Von der Kunst der guten Führung

KNAUR

Besuchen Sie uns im Internet:
www. knaur.de

Die Folie des Schutzumschlags sowie die Einschweißfolie
sind PE-Folien und biologisch abbaubar. Dieses Buch wurde auf
chlor- und säurefreiem Papier gedruckt.

FSC
www.fsc.org
MIX
Papier aus ver-
antwortungsvollen
Quellen
FSC® C006701

Lektorat: Bettina Huber
Innenteilabbildungen: FinePic®, München
Satz: Adobe InDesign im Verlag
Druck und Bindung: CPI – Ebner & Spiegel, Ulm
Printed in Germany
ISBN 978-3-426-65498-9

2   4   5   3   1

Für Albert

Inhalt

Einleitung											13

TEIL 1: DAS ENTSTEHEN VON MACHT					18
Nicht der Wind,
sondern das Segel bestimmt die Richtung.
aus China

### Siegel 1: Verstehe das Wesen der Macht					23
Wahre Macht kann nur bekommen, wer sie von der
Gewalt zu trennen versteht. Er muss bereit sein, sie
anzunehmen und zu geben, was allen Wesen das höchste
Glück ist: Anerkennung, Zuwendung und das Gefühl,
selbst wichtig zu sein.

### Siegel 2: Nutze das Vorhandene							43
Sinnlos ist es, Strukturen neu zu schaffen, wo sie bereits
in allerhöchster Perfektion verfügbar sind. Echte Macht hat
derjenige, der es versteht, die Kraft des Vorhandenen für
seine Zwecke zu nutzen.

### Siegel 3: Erkenne die Kraft der Illusion					63
Ihre größte Kraft bezieht Macht aus der Tatsache, dass
Menschen Veränderungen scheuen. Wer den Menschen
hilft, diese zu vermeiden, den stellen sie bereitwillig und
ohne Nachdenken über sich.

### Siegel 4: Erscheine als Retter							83
Menschen unterwerfen sich dem, den sie als Retter sehen.
Es gibt nur wenige Wege, so effektiv an Macht zu kommen,
wie die Probleme, die du selbst schaffst, demonstrativ zur
Zufriedenheit aller zu lösen.

TEIL 2: DAS ERLANGEN VON MACHT 100

*Das wirkliche Geheimnis von Macht
ist das Bewusstsein von Macht.*
Charles F. Haanel

Siegel 5: Erkenne jedes Potenzial 105

Nutze und erkenne jedes Potenzial. Das deiner Gegner, das
deiner Mitstreiter und am allermeisten: dein eigenes.

Siegel 6: Sorge für Bewegung 125

Sorge für Bewegung und erhalte sie. Eine stehende
Gruppe braucht nämlich keinen Führer, eine bewegte
schon. Und der solltest genau du sein.

Siegel 7: Kommuniziere deutlich 143

Macht gewinnst und verlierst du in der Kommunikation.
Sprich die Sprache jener, die du zu führen hast, und
kommuniziere so deutlich, dass sie fühlen, dir in
Sicherheit folgen zu können.

TEIL 3: DAS BEHALTEN VON MACHT 160

*Wer vorgeht mit Gewalt, der hat Willen.
Wer seinen Platz nicht verliert, der dauert.
Wer stirbt, ohne zu vergehen, lebt immerdar.*
Laotse

Siegel 8: Entwaffne deine Feinde 165

Achte und akzeptiere, so lehrt uns das achte Siegel, auch
deine Feinde. Gib ihnen Zuwendung und Anerkennung
und entwaffne sie, indem du sie mittels eines Wir-Gefühls
zu einem Teil einer für dich kämpfenden Truppe machst.
Das ehrliche Gefühl, Teil eines gemeinsamen Ziels, aber
auch Erfolges zu sein, schafft eine Bindung, die stärker ist
als alle deine Gegner zusammen.

Siegel 9: Denke alles zu Ende 185

Bedenke, so lehrt uns das neunte Siegel, bei allem, was du tust, das Ende. Handle weder aus Emotion noch aus Eitelkeit, erkenne den Wert deiner Kritiker, und teile deine Macht zumindest scheinbar mit einem, der dich dann, wenn du schwach bist, in deinem Sinn vertreten kann.

Siegel 10: Lerne, Maß zu halten 203

Macht ist wie ein Seil, das du über eine Schlucht spannst, um diese zu überqueren. Hältst du Maß, gibt es dir Schutz und Halt und ermöglicht dein Weiterkommen. Überspannst du es aber, so zerreißt es und versperrt dir jeden Weg zurück.

Siegel 11: Fokussiere auf das Wesentliche 219

Nutze deine Macht ausschließlich zu dem Zweck, zu dem sie dir übertragen wurde. Schaue auf dich, achte auf deinen Weg, und tue nichts, das nicht unbedingt notwendig ist, damit du dein Ziel erreichst.

Siegel 12: Lebe im Bewusstsein von Macht 235

Sobald du Macht lebst, musst du ihre Möglichkeiten nicht mehr nutzen, um gut dazustehen. Vielmehr kannst du sie dafür einsetzen, gut zu sein.

Siegel 13: Werde unangreifbar 251

Echte Macht behältst du nicht durch Angriff und nicht durch Verteidigung. Unangreifbar wird nur, wer mit Liebe und Respekt die Menschen dazu bringt, ihn nirgends anders zu wünschen als dort, wo er gerade ist: am Gipfel der Macht.

Anhang   261
Epilog   263
Dank   265

Mache dir einen Speer,
aber bedenke,
eines Augenblickes Zorn
kann dein ganzes Leben
verderben.

aus China

Einleitung

Das Licht, das für sich selbst leuchtet,
ist Finsternis.

aus China

Wie dieses Buch funktioniert und wie Sie daraus den größten Nutzen ziehen

Herzlich willkommen. Schön, dass Sie da sind. Schön auch, dass Sie mit mir eine der wohl erstaunlichsten Erscheinungen erkunden wollen, die das menschliche Bewusstsein jemals erforscht hat: das Phänomen der Macht. Unsichtbar und geheimnisvoll, gleichzeitig jedoch mit der Kraft ausgestattet, die Welt aus den Angeln zu heben, hat sie die Menschen seit jeher fasziniert. Macht wurde gesucht und gemieden, benutzt und missbraucht, geliebt und gefürchtet. Ihr wahres Wesen hat sie aber nur jenen offenbart, die ehrlich bereit waren, es unvoreingenommen kennenzulernen. Zu erhalten ist Macht leicht. »Die Menschen unterwerfen sich aus Gewohnheit allem, was Macht haben will«, hat Friedrich Nietzsche einmal gesagt. Was für viele aber den Umgang mit ihr so schwierig macht, ist die Tatsache, dass verantwortungsvoller Gebrauch und Missbrauch hier so extrem nahe beisammenliegen. Wohl auch deshalb ist dieses unersetzliche Ordnungswerkzeug der Natur so schlecht beleumundet. »Die Macht«, schrieb sogar schon vor fast 2500 Jahren der chinesische Philosoph Sun Tse, »ist bösartig und unersättlich – erst stumpft sie uns ab gegen das

Leid anderer Menschen, und dann macht sie uns süchtig danach, denn nur das Leiden anderer verleiht uns die Gewissheit, dass unsere Macht über sie ungebrochen ist.« Eine Ansicht, die ich nicht unbedingt teile.

Macht, das sei hier in aller Deutlichkeit gesagt, ist kein Spielzeug und nur für Erwachsene. Wer nicht fähig oder nicht bereit ist, mit ihr umgehen zu lernen, sollte tunlichst die Finger von ihr lassen. Macht an sich aber ist weder gut noch böse. Wie sollte sie das auch? Es ist, als würde ich angesichts eines brennenden Hauses das Feuer verurteilen oder nach einer schrecklichen Flut fortan jeden Kontakt mit dem Wasser meiden. Im richtigen Zusammenhang sichern beide Elemente mein Überleben. Gerät ihre jeweilige Kraft aber außer Kontrolle, übersteigt der Schaden oft alles, was überhaupt vorstellbar ist. Sind aber Feuer und Wasser deshalb böse? Auch Macht ist eine Kraft, die Möglichkeiten in alle Richtungen bietet. Es liegt alleine an Ihnen, sie zu Ihrem Vorteil zu nutzen. Nun beginnt nach asiatischer Einsicht selbst die größte Macht nicht bei jenen, die sich ihr unterwerfen. Vielmehr nimmt sie ihren Anfang bei Ihnen als Führungsperson.

Wollen Sie Macht erlangen und behalten, müssen Sie nicht nur ihr Wesen und die hinter ihrer Wirkung stehenden Mechanismen verstehen. Einen wirklich guten Machthaber zeichnet die Fähigkeit aus, über sich selbst und seine Wirkung auf andere nachzudenken. Er muss sich bewusst machen, was er aufbauen, aber auch zerstören kann.

Lange bevor Sie also den Dunstkreis der Macht betreten werden, müssen Sie festgelegt haben, was Ihre Ziele sind und wo Ihre Grenzen liegen, die Sie niemals zu überschreiten geloben. Haben Sie Ihre Macht einmal erhalten, gibt es kein Zurück mehr. Macht ist kein Gipfel, den man einmal erreicht und auf dem man sich dann den Rest seines Lebens ausruhen kann. Vielmehr ist der Umgang mit ihr eine ständige Gratwanderung. Nur mit großer Übersicht und Vorsicht einen Schritt nach dem anderen zu setzen wird Sie davor bewahren, abzustürzen. Macht versetzt Menschen in einen Rausch, der sie ihre Grenzen vergessen lässt und sehr häufig am Ende ihren Untergang bedeutet. So werden wir auch auf unserer Reise zum Gipfel der Macht durch das Buch hinweg leuchtende Vorbilder sehen. Gleichzeitig aber werden wir auch sehr dunklen Gestalten begegnen, die ihre Macht missbraucht haben und an ihr zugrunde gegangen sind.

Die meisten Beispiele, die ich in diesem Buch bringe, haben sich wirklich so zugetragen, sehr viele spektakuläre davon im letzten Jahrhundert. Ich habe nichts beschönigt und durchaus ganz bewusst plakative, oft grausame Fälle gewählt, um Ihnen die ungeheure Brutalität außer Kontrolle geratener Macht vor Augen zu führen. Natürlich hat der Missbrauch von Macht nicht nur damals stattgefunden. Er passiert auch heute noch jeden Tag. Aber viele dieser Beispiele kann ich noch nicht analysieren, da die Machthaber zumindest bis jetzt damit durchgekommen sind – was nicht für ewig sein wird. Denn Gewalt, hat der chinesische Philosoph Laotse einmal gesagt, zerbricht an sich selbst.

AUFBAU DES BUCHES

Das Buch ist in dreizehn eigenständige Siegel gegliedert. Obwohl nicht asiatischen Ursprungs, gilt das Siegel in China

bis heute als Ausdruck von Persönlichkeit. In vielen Gegenden ist es daher wertvoller als eine bloße Unterschrift. Asiatisch geprägt ist auch mein Denken. Viele Jahre Aufenthalt auf diesem wunderbaren Kontinent haben ihre Spuren hinterlassen. Ob die chinesischen Kampfmönche von Shaolin oder der Bauer, der in Ho Chi Minhs Namen für die Freiheit Vietnams gekämpft hat: Ohne Vorbehalt haben sie alle ihr Wissen mit mir geteilt. Zusammen mit meinen Erfahrungen und Überlegungen bildet es die Grundlage jener dreizehn Siegel, die ich Ihnen in den folgenden Kapiteln eröffnen möchte. Wenn ich dennoch zu einem großen Teil darauf verzichtet habe, Beispiele aus der asiatischen Geschichte zu bringen, liegt das daran, dass viele Entwicklungen ohne die Kenntnis von Vorgeschichte und Umfeld Asiens nicht nachvollziehbar wären.

Auch wenn jedes Siegel einzeln durchgearbeitet werden kann, sollten Sie die Reihenfolge einhalten, da die Themen aufeinander aufbauen. Wenn Sie jetzt an eine Art Regeln denken, deren strikte Einhaltung Ihnen das Erlangen und Erhalten von Macht gleichsam garantieren, muss ich Sie leider enttäuschen. So etwas gibt es nicht. Was Sie stattdessen bekommen? Einsicht in sich selbst und in die unabänderlichen Gesetze der Natur, die auch das Handeln jedes einzelnen Menschen berechenbar und vorhersehbar machen. Am Ende jedes Kapitels finden Sie eine Reihe von Fragen. Bitte nehmen Sie sich die Zeit, diese zu beantworten, und seien Sie ehrlich. Es ergibt keinen Sinn, wenn Sie sich hier selbst belügen. Der wirkliche Zweck von Macht bleibt aber die Möglichkeit, gemeinsam mit jenen, die einem folgen und vertrauen, Ziele zu erreichen, die weit über denen liegen, an die man alleine gelangen könnte. Auf dem

Umschlag ist das chinesische Zeichen für Macht, von einem Tiger bewacht, das Symbol für Stärke und Weisheit.

»Der heilige Mensch«, heißt es im Tao Te King, »weilt oben, ohne das Volk zu belasten; weilt vorne, ohne dem Volk zu schaden. Deshalb freut sich das Reich, ihn zu fördern, und wird seiner nicht müde.«

Diese Fähigkeit soll Ihnen die Beschäftigung mit dem Thema Macht bringen. Haben Sie diese nämlich einmal erlangt, können Sie sie nicht einfach zurückgeben, wenn sie Ihnen über den Kopf wächst. Dreizehn Siegel liegen nun auf dem Weg, die Ihnen das wahre Wesen und den Umgang mit Macht näherbringen werden. Lassen Sie uns gehen.

TEIL 1

Das Entstehen von Macht

Nicht der Wind,
sondern das Segel
bestimmt die Richtung.

aus China

Was den Gegner dazu bewegt,
sich zu nähern, ist die Aussicht
auf Vorteil. Was den Gegner
vom Kommen abhält,
ist die Aussicht auf Schaden.

Sun Tse

Siegel 1
Verstehe das Wesen der Macht

Wie Macht funktioniert

Ich erinnere mich noch gut an die Aufregung, als vor einiger Zeit in den USA Barack Obama zum neuen Präsidenten gewählt wurde. In Demokratien ist die Wahl eines Staatsoberhauptes ein sich regelmäßig wiederholendes Ereignis. Das ist den Medien üblicherweise eine kurze oder auch einmal eine längere Meldung wert, und ab und an geben noch Analysten und Kommentatoren ihre Meinung ab. Spätestens am folgenden Tag aber kehrt die Welt zur Tagesordnung zurück. Nicht so im Fall der USA. Schließlich handelt es sich hier nicht um eine Nation im üblichen Sinn. Amerika, das weiß jedes Kind, ist eine »Supermacht«. Was dort passiert, hat höchste Wichtigkeit für die ganze Welt. So auch die Wahl und Amtseinführung des neuen Staatsoberhauptes, über die in der Folge lange und detailliert in den Medien berichtet wird.

Wann immer es möglich ist, schaue ich mir solche Berichte an, weil man viel aus ihnen lernen kann. Denn gerade Reportagen über Amtseinführungen wichtiger Staatsoberhäupter oder Krönungen sind, völlig unabhängig übrigens von den handelnden Personen, Meisterwerke des Personenkults. Nichts wird dem Zufall überlassen, alles ordnet sich der Zurschaustellung von Macht unter. Selbst wer vorher noch nie den Namen des »Gekrönten« gehört hat, weiß

spätestens nach der Sendung, warum er gerade dieser Person mit besonderer Ehrfurcht begegnen sollte.

Im Fall Amerika war es eine Szene, die mir besonders in Erinnerung geblieben ist. Zum offiziellen Abschluss dieser »Krönungszeremonie« wurde Barack Obama vor den Augen der Weltöffentlichkeit ein kleiner schwarzer Koffer überreicht. Überbracht hat ihn sein Vorgänger, der scheidende Präsident Bush. »In diesem Moment«, meinte ein atemloser Fernsehkommentator hörbar beeindruckt, »wird Barack Obama zum mächtigsten Mann der Welt. In diesem unscheinbaren Koffer befindet sich die Möglichkeit, den Beginn eines atomaren Weltkrieges zu befehlen.« Besagter Koffer, auch Atomkoffer oder »Nuclear Football« genannt, ist voll mit spezieller Elektronik. Öffnet ihn der amerikanische Präsident, der auch Oberbefehlshaber der Streitkräfte ist, kann er den Einsatz von Nuklearwaffen anordnen. Um diesen Koffer aufzuschließen, benötigt er eine codierte Plastikkarte, die er stets am Körper trägt. Ist der Präsident im Flugzeug unterwegs oder befindet er sich nicht in der Nähe einer befestigten Kommandozentrale, muss er diese schwarze Aktentasche immer bei sich haben.

Erstaunlich, dachte ich. Wie viele Menschen sind wohl jetzt der Meinung, dass man Macht einfach in ein Behältnis packen und so an jemand anderen übergeben kann? Ich teilte diese Ansicht nicht. Bei mir löste die Vorstellung von der Macht im Koffer vielmehr Befremden aus. Verschiedenes ging mir durch den Kopf. Was wäre, so fragte ich mich, hätte der Vorgänger den Koffer damals statt an Barack Obama an mich übergeben? Oder an meine Großmutter? Wären dann ich oder sie der mächtigste Mensch der Welt? Was, wenn Bush nachts das Köfferchen heimlich entwendete und es wieder in seinen Besitz zurückbrächte? Könnte er damit seine Macht zurückholen? Ich sah aber noch weitere Unklarheiten. Schenkte man nämlich dem Kommentator Glauben, so befanden sich in dem Koffer gar keine Waffen. Nicht einmal eine Gebrauchsanweisung dafür. Genau genommen war es also ausschließlich eine Kombination aus Buchstaben und Zahlen, die nach Meinung des Moderators alle Macht der Welt in sich vereinigte. Abseits aller Euphorie sah ich jedoch nur die Fakten. In Wirklichkeit bekam der neue Präsident für mich nichts anderes als die Möglichkeit, einen atomaren Angriffsschlag entweder in Auftrag zu geben oder zumindest zu billigen. Der Koffer enthielt nämlich auch keinerlei Möglichkeiten, irgendjemanden zur Ausführung eines solchen Atomschlages zu zwingen oder davon abzuhalten.

Der Koffer mag ein theatralisches Symbol für die Macht des Präsidenten sein. Wirklich zu tun mit ihr hat er nichts. Zum Zeitpunkt der Kofferübergabe war Obamas Macht bereits so vielen Menschen bekannt, dass sie nicht mehr zu stoppen war – nicht einmal, wenn das Köfferchen leer oder die Codes falsch gewesen wären.

Denn in Wirklichkeit entsteht die Macht eines Präsidenten aus dem Zusammenspiel zweier Faktoren. Zum einen muss eine ausreichende Anzahl von Menschen bereit sein, ihm und seinen Anweisungen zu folgen. Das bedeutet, ohne Nachfragen und möglichst auch ohne Nachdenken genau das zu tun, was von ihnen verlangt wird. Zum anderen aber, und das ist noch viel wichtiger, dürfen seine Anhänger von ihren Fähigkeiten und Möglichkeiten so lange keinen Gebrauch machen, bis der Präsident das autorisiert oder beauftragt hat. Sonst würde dieser Gehorsamsmechanismus

sehr schnell gegen ihn verwendet werden. Ein Beispiel: Irgendjemand muss die Anlage, die den präsidialen Vernichtungs-Code entgegennehmen kann, konstruiert haben. Wenn wir uns nun weiter vorstellen, dass dieser Jemand mit Sicherheit nicht die Unterstützung eines Präsidenten braucht, um sie in Betrieb zu nehmen, wird es bereits spannend. Wenn wir uns aber erst der Tatsache gewahr werden, dass dieser Jemand es nicht einmal trotz dieser Möglichkeit tut, dann kommen wir dem Geheimnis der Macht schon um einiges näher. Ein schlechtes Gewissen jedenfalls wird ihn kaum davon abhalten, sonst hätte er die Anlage erst gar nicht gebaut.

Eines bleibt aber weiterhin unklar. Wieso kann die Übergabe eines kleinen schwarzen Koffers einen beliebigen Menschen in den Augen der Weltöffentlichkeit zu einer der mächtigsten Personen dieser Erde machen? Ist vielleicht doch etwas dran an der Idee, dass man Macht ganz formal übergeben kann? Und: Was ist das überhaupt, diese Macht?

MACHT IST EIN GESETZ DER NATUR UND ALLGEGENWÄRTIG

Für die meisten Menschen ist Macht ein Phänomen, mit dem sie zumindest nach außen hin nichts zu tun haben möchten. Macht gilt vielen als unmoralisch, schmutzig, gefährlich oder sonstwie schädlich. Mit Freude gesteht man sie Königen, Generälen, Politikern, Vorstandsvorsitzenden, Ärzten und anderen Mitgliedern einer sogenannten Führungselite zu. Für sich selbst aber behandeln die meisten Macht wie etwas, das sie einfach nichts angeht. »Sollen

ruhig die Oberen die Macht übernehmen«, denken viele,
»Die müssen es ja dann auch verantworten, wenn etwas
passiert. Man sieht ja, wohin die mit ihrer Machtgier kommen. Ich will damit rein gar nichts zu tun haben.« Wer so
denkt, der verkennt das Wesen der Macht als wichtigstes
Ordnungswerkzeug der Natur.

Macht wurde nicht vom Menschen erfunden. Sie ist in allen Wesen
ab dem Moment ihrer Geburt verwurzelt. Ihre Existenz ist weder gut noch
schlecht. Erst der Umgang mit ihr macht sie zum Werkzeug oder zur tödlichen
Waffe. Macht zu fürchten oder gar zu verleugnen ist nicht nur gefährlich,
es ist schlicht und einfach dumm. Wer nämlich nicht bereit ist,
Macht anzunehmen, der muss sie ertragen.

Da gibt es keine dritte Möglichkeit. Macht ist aber in der
Natur ohnehin so allgegenwärtig, dass ein »machtfreier«
Raum, wie viele ihn vorgeblich erträumen, darin gar nicht
vorgesehen ist. Jeder, aber auch wirklich jeder bekommt
für die Dauer seines Lebens die uneingeschränkte Verfü-
gungsgewalt über Leben und Tod. Selbstverständlich ist
das theoretisch, und natürlich steht zwischen den meisten
Menschen und einem Mord noch so etwas wie ein Gewissen. Auch wenn Sie grundsätzlich natürlich die Möglichkeit haben zu töten, würden Sie es niemals tun. Nun,
vielleicht nicht bewusst. Macht können Sie nämlich im Gegensatz zu Gewalt auch ausüben, ohne es zu beabsichtigen
oder überhaupt zu wissen.
Lassen Sie mich das anhand eines ganz banalen Beispiels
zeigen. Nehmen wir die wehrlosen Pflanzen in Ihrem Zimmer. An jenem Tag, an dem Sie diese zu sich geholt haben,
haben Sie die Blumen in Ihren Machtbereich gebracht.

Wahrscheinlich nicht in dieser Absicht, aber Sie haben es getan. Seither treffen Sie jeden Tag sprichwörtlich im Vorbeigehen eine Entscheidung von einiger Tragweite: Entweder Sie entschließen sich, die Pflanzen zu gießen und ihnen damit einen Tag weiteren Lebens zu ermöglichen, oder aber Sie verurteilen sie zum Tod durch Vertrocknen. Natürlich vergessen Sie das Bewässern nicht bewusst und auch nicht in der Absicht, die Pflanzen zu töten. Aber Sie haben genau dazu die Macht, und wenn Sie nicht aufpassen, verwenden Sie diese zum Schaden anderer.

Der meiste Missbrauch von Macht entsteht nicht aus Vorsatz. Oft sind die Ursachen Fahrlässigkeit und die mangelnden Bereitschaft, die einem von der Natur zum verantwortungsvollen Umgang übertragene Macht anzunehmen.

Ein Mensch, der seine Macht nicht wahrhaben möchte, ist wie jemand, der mit einem riesigen, aber für ihn unsichtbaren Rucksack in ein enges Porzellangeschäft geht. Zwar hört er mit Entsetzen, wie links und rechts von ihm ein Stück nach dem anderen zu Boden fällt, kommt aber nicht auf die Idee, dass er selbst die Ursache dieser Zerstörung sein könnte. Im wirklichen Leben sind die Porzellanfiguren jene Menschen, die sich über Ihre unachtsamen Worte grämen, die Sie doch gar nicht böse gemeint haben.

WARUM GEWALT DER MACHT ENTGEGENSTEHT

»Macht«, so definiert das Lexikon, »bezeichnet nach einem weit verbreiteten Verständnis die Fähigkeit von Individuen und Gruppen, auf das Verhalten, Denken und Leben sozialer Gruppen oder Personen – im eigenen Sinn und

Interesse – einzuwirken.« Vereinfacht ausgedrückt, wird Macht als das Vermögen beschrieben, andere dazu zu bringen, das zu tun, was man selbst möchte.

Grundsätzlich stimme ich dieser Beschreibung zu, halte sie aber für unsere Zwecke für unvollständig. Wenn es nämlich allein darum geht, dass andere nach meinem Willen handeln, brauche ich keine Macht. Das erreiche ich einfacher und schneller mit Gewalt. Wenn Sie jetzt denken, das sei ohnehin das Gleiche, weil es ja ohne Gewalt gar keine Macht geben könne, dann verstehen Sie etwas gründlich falsch. Nach außen hin haben Macht und Gewalt die gleiche Auswirkung, das stimmt. Aber das war es dann auch schon. In ihrem Wesen und ihrer Wirkung sind sie so verschieden wie ein Tretauto und ein Formel-1-Wagen.

Der augenscheinlichste Unterschied ist, dass Sie mit Gewalt fünf, zehn oder vielleicht sogar hundert Menschen führen können. Macht hingegen gibt Ihnen die Kontrolle über fünf, zehn oder auch hundert Millionen Menschen.

Der berühmte und als gewalttätig bekannte Gangster Al Capone hat das Problem einmal mit folgender Aussage sehr treffend auf den Punkt gebracht: »Mit einem freundlichen Wort und einer Waffe in der Hand erreicht man mehr als mit einem freundlichen Wort allein.«

Im Grunde hat er mit seiner Theorie durchaus recht. Konkrete Drohungen erhöhen bei vielen Menschen die Kooperationsbereitschaft. Gleichzeitig aber zeigt genau diese Aussage das eigentliche Problem des Führens mit Gewalt. Denn dort, wo Sie mit Ihrer Waffe in der Hand nicht sind, wird auch nicht so gehandelt, wie Sie es gerne möchten.

Nur: Wie viele Menschen können Sie gleichzeitig so effizient bedrohen, dass diese dann noch in Ihrem Sinn und zu Ihrem Vorteil handeln? Und wie wollen Sie verhindern, dass jene, die sich gerade nicht bedroht fühlen, ihre Kräfte gegen Sie vereinen?

Al Capone zumindest hat bekanntlich kein gutes Ende gefunden. Nach großem Druck der Bevölkerung und aufgrund eines fatalen Missverständnisses seines Anwalts wurde der gerissene und im Grunde genommen nicht zu fassende Mafiaboss wegen Steuerhinterziehung 1931 zu elf Jahren Haft verurteilt. Ohne jemals wieder eine Machtposition erreicht zu haben, starb er danach im engsten Familienkreis an den Folgen einer Syphilis.

Das Wort »Gewalt« hat seinen Ursprung im Althochdeutschen. »Waltan« bedeutet dort so viel wie »stark sein«, aber auch »jemanden beherrschen«. Die einfache Idee hinter diesem Prinzip ist, anderen Menschen klarzumachen, dass man in der Lage ist, ihnen Schaden zuzufügen, und von dieser Möglichkeit nötigenfalls auch Gebrauch macht. Die so Bedrohten werden in der Folge alles daransetzen, diese Notwendigkeit zu vermeiden, und tun, was der potenzielle Gewalttäter ihnen abverlangt. So einleuchtend das Modell auch scheint, es hat einen Schwachpunkt.

Führen mittels Gewalt funktioniert nur, solange es dem Führenden gelingt, Angst zu verbreiten. Mit dem Schwinden dieser Möglichkeit schwindet auch schlagartig sein Einfluss und wendet sich im schlimmsten Fall gegen ihn.

Denken Sie an ein Unternehmen, dessen Inhaber auf eine bewährte mentale Gewaltmethode setzt: der Androhung der Kündigung. Die Mitarbeiter leisten dort nur deshalb gute Arbeit, weil sie Angst haben, anderenfalls ihren Arbeitsplatz zu verlieren. Diese Drohung wiederum bezieht ihre Kraft alleine aus der Tatsache, dass Arbeitslosigkeit in den Augen der meisten Menschen einen schwer zu verkraftenden Abstieg bedeutet. Wer will schon dem Staat als »Sozialschmarotzer« auf der Tasche liegen? Auch wenn das Beziehen von Arbeitslosengeld oft mit finanziellen Einbußen einhergeht, befürchten viele vor allem den Verlust von Anerkennung. Solange diese Einstellung weit genug verbreitet ist, hat eine auf Druck aufbauende Führungspolitik verständlicherweise Erfolg.

Wollte ich dieses Unternehmen zerstören oder ihm zumindest einen kräftigen Schaden zufügen, würde ich an genau diesem Punkt ansetzen: bei der Angst der Angestellten vor der Arbeitslosigkeit. Erlauben Sie mir doch einmal folgendes, natürlich weltfremdes Gedankenspiel: Angenommen, es entstünde plötzlich, sozusagen aus dem völligen Nichts, eine Bewegung mit dem Motto: »Wir sind Versicherungskunden und keine Sozialschmarotzer!« Diese fordert die Bürger auf, sich am Arbeitsplatz nicht mehr alles gefallen zu lassen und es zu riskieren, gegebenenfalls dafür die Kündigung zu erhalten. Schließlich hätten sie ja dafür jahrelang eingezahlt. Sie verbreiten ihr Anliegen natürlich mit Unterstützung höchst angesehener Prominenter, die zumindest vorgeben, genau diesen Weg gegangen zu sein. Von einer Sekunde auf die andere wendet sich dann das Blatt. Plötzlich gilt die Tatsache, keine Arbeit zu haben, als normale Inanspruchnahme lange angesparter Versicherungsleistungen. Abgeschlossen, um vor genau diesem Druck im Beruf geschützt zu sein. Machbar wäre es. Wenn Sie nämlich glauben, dass Menschen auf die Leistungen der Arbeits-

losenversicherung (die man wohl aus gutem Grund in manchen Ländern umbenannt hat) aus sozialer Rücksicht verzichten, dann liegen Sie leider falsch. Menschen handeln vermeintlich rücksichtsvoll, weil sie vor anderen gut dastehen möchten, aber nicht, um jemand anderem etwas zu ersparen.

Das lässt sich übrigens sehr leicht illustrieren: Fährt irgendjemand langsamer mit dem Auto aus Angst, bei einem Unfall der Versicherung zur Last zu fallen? Ich kenne niemanden. Wären Menschen aber nicht rein aus Angst sozial, müsste das der Fall sein. Mein Angriff jedenfalls hätte gute Chancen. Die Vorstellung des gekündigten Mitarbeiters, der mit dem lapidaren Hinweis »Gegen so etwas bin ich versichert« lachend seine Sachen packt, hat schon etwas. Hätte aber niemand mehr Angst vor dem Arbeitsplatzverlust, würde mit diesem wichtigsten Druckmittel zuerst die Belegschaft und schließlich das ganze Unternehmen verschwinden.

Echte Macht gebraucht keine Druckmittel. Deshalb ist sie naturgemäß schwierig zu erlangen. Im Gegensatz zu Gewalt nämlich, die der Untergebene einfach ertragen muss, will Macht autorisiert werden.

Schließlich können Sie niemanden dazu zwingen, Sie als Führungsperson zu akzeptieren. Menschen müssen sich von selbst dazu entschließen, sich in Ihren Machtbereich zu begeben und diesen zu akzeptieren.

Zusammenfassend kann man sagen, dass Gewalt auf der vergänglichen Emotion der Angst, Macht hingegen auf dem unvergänglichen Bedürfnis nach Anerkennung beruht.

MACHT HAT NICHTS MIT KÖRPERLICHER KRAFT ZU TUN

Gut, sagen Sie jetzt vielleicht. In der Theorie mag das ja alles stimmen. Aber die Praxis? Vor Ihrem geistigen Auge tauchen Machthaber auf, die ihre Position zumindest vermeintlich mit Gewalt erreicht haben oder sie mit dieser verteidigen. Sie glauben also, eine Verbindung von Gewalt und dem Entstehen von Macht deutlich zu erkennen. Aber wie sollte das denn funktionieren? Beruhte Macht tatsächlich auf Gewalt, hätten wohl die meisten von uns ein Problem. Ausnahmslos alle Personen, denen wir Macht zuerkennen, müssten gefürchtete Schläger sein. Der große Diktator von damals genauso wie der Vorstandsvorsitzende von heute. Könige, Ärzte, einfach alle. Doch das sind die wirklich Mächtigen nur sehr selten. Oft werden gerade jene Personen, die ihre Macht auf so schreckliche Weise missbraucht haben, dass wir uns auch noch Jahrhunderte später an sie erinnern, als zurückhaltende, freundliche Menschen beschrieben. Nicht einmal körperliche Kraft als Möglichkeit der Gewaltanwendung scheint eine Voraussetzung für das Erlangen wirklicher Macht zu sein. Oder denken Sie, dass Napoleon Bonaparte, Nicolae Ceauşescu oder Kim Jong Il mit ihren knapp 160 Zentimetern Körpergröße irgendeinen Kampf, sozusagen Mann gegen Mann, für sich hätten entscheiden könnten? Kaum. Umgekehrt finden wir oft gerade körperlich benachteiligte Menschen in hohen Machtpositionen.

So grausame Dinge andere Herrscher auch angeordnet haben mögen, spontan fällt mir nur ein einziger ein, den seine Macht dazu verleitet hat, selbst gewalttätig zu werden. Der irakische Diktator Saddam Hussein hat höchstpersönlich mehr als einen Mord begangen. Nicht der einzige Fehler,

für den er am Ende mit dem Leben bezahlt hat. Mit der Möglichkeit der Gewaltanwendung waren auch seine vermeintlichen Unterstützer verschwunden. Freiwillig war niemand bereit, für den verhassten Tyrannen zu kämpfen.

Im Gegensatz zur Gewalt, die die Menschen fürchten, ist Macht etwas, wonach sie sich sehnen. Nicht hauptsächlich danach, sie auszuüben. Vielmehr aber nach ihrem Schutz und der damit verbunden Bequemlichkeit.

Niemand sehnt sich danach, den Missbrauch von Macht zu ertragen. Aber dass selbst mächtige Menschen es manchmal genießen, die Anordnungen anderer auszuführen, zeigt nicht zuletzt das florierende Gewerbe der »strengen Herrinnen« in einschlägigen Etablissements. Wie gesagt, die Idee hinter Gewalt ist das Zufügen eines Schadens oder zumindest dessen Androhung. Daher erzeugt sie immer Gegengewalt und kann keinen stabilen Zustand schaffen. Für die Betroffenen ist Gewalt einfach ein Ärgernis, das sie mitsamt der Quelle so schnell wie möglich zu beseitigen suchen. Wer Gewalt anwenden muss, zeigt damit folglich nicht Stärke, sondern offenbart seine Hilflosigkeit und Schwäche.

Das ist kein Plädoyer für ein friedliches Miteinander, sondern eine schlichte Tatsache. Tausende von Beispielen demonstrieren eindrucksvoll, wie Führungskräfte an diesem Nichtwissen gescheitert und oft sogar zugrunde gegangen sind. Macht hingegen sehe ich als die Fähigkeit, das Wohlbefinden eines zu Führenden von der Zuwendung durch eine Führungsperson abhängig zu machen. Das ist weder böse noch schlecht, sondern etwas völlig Natürliches.

ANERKENNUNG: DER BESTE NÄHRBODEN FÜR MACHT

Vom Moment ihrer Geburt an suchen Menschen Anerkennung und Zuwendung. Das hat weniger mit Eitelkeit zu tun als mit purem Überlebenstrieb. Ohne Zuwendung würde ein Neugeborenes schlichtweg verhungern. Wer aber einem anderen diese Aufmerksamkeit geben oder entziehen kann, kommt auch in die Lage, ihn zu kontrollieren. Auf dieser simplen Tatsache beruhen Lob und Tadel genauso wie das gesamte Prinzip der Erziehung. So hat Sie zum Beispiel mit Sicherheit kein Mensch mehr nach Ihrer Deutschnote in der vierten Klasse gefragt. Dennoch hat für Sie damals die Frage, ob im Zeugnis eine Drei oder eine Vier steht, eine große Rolle gespielt.

Der Wunsch nach Anerkennung existiert, seit es Menschen gibt. Schon in ältester Zeit brachte man den Göttern nötigenfalls die schaurigsten Opfer dar, beseelt von dem unbedingten Wunsch, ihnen zu gefallen. Macht hatten damals wie heute jene, die behaupteten zu wissen, wie man welcher Gottheit am besten gefiele. So huldigte man Kaisern, Königen und anderen Führern in der meist unerfüllten Hoffnung, von diesen ein Wort des Lobes zu erhaschen oder gar in ihre Nähe berufen zu werden. Im »Dritten Reich« drückte Hitlers Blutrichter Roland Freisler seine verzweifelte Suche nach Anerkennung und Zuneigung folgendermaßen aus: »Ich werde mich stets bemühen, so zu urteilen, wie ich glaube, dass Sie, mein Führer, den Fall selbst beurteilen würden.«

Bleibt aber immer noch die Frage, ob die durch Zuwendung erhaltene Macht auch Bestand hat. Folgen Sie mir nach Rom. Mitten in dieser Stadt befindet sich eines der flächenmäßig kleinsten Reiche der Welt, der Vatikan. Wer diesem

Staat als Papst vorsteht, wird im Augenblick seiner Wahl mit einer Machtfülle ausgestattet, die für einen Nichteingeweihten kaum vorstellbar ist. Mehr als eine Milliarde Menschen erkennen den Mann, der dieses Amt bekleidet, als ihr geistliches Oberhaupt an. Selbst wenn sie ihn noch nie persönlich gesehen haben und auch niemals sehen werden: Mehr als ein Siebentel der Weltbevölkerung tut oder unterlässt Dinge, ohne dass irgendetwas anderes sie dazu zwingt als die Hoffnung, eben diesem Papst zu gefallen. Ob zu Recht oder zu Unrecht: Das Wohlbefinden dieser Menschen ist zu einem großen Teil davon abhängig, ob das Kirchenoberhaupt das von ihnen Getane oder Erlebte gutheißt, verurteilt oder bedauert. Alleine die Tatsache, dass dieses Amt seit mittlerweile über 1500 Jahren fast unverändert besteht, zeigt, dass hier etwas ziemlich richtig gemacht wurde. Keine Kraft der Welt kann das Amt des Papstes zerstören. Selbst wenn man den Menschen, der diese Position bekleidet, mit Gewalt entfernte: Es käme umgehend ein neuer nach. Die Macht dieser Position ist so groß, dass viele meinen, ohne sie gar nicht existieren zu können.

WAHRE MACHT IST UNSICHTBAR

Nun ist aber die Macht des Papstes, wie auch jene eines Präsidenten, nicht die Macht einer Person, sondern die eines Amtes. Sie hat alleine damit zu tun, dass eine bestimmte Stelle nicht leer bleiben darf. Wer genau sie besetzt, ist am Ende egal. Denn selbst wenn er ab morgen absolut nichts mehr zu bestimmen hätte: Können Sie sich Amerika ohne einen Präsidenten vorstellen? Der Vorteil dieser Methode der Positionierung ist, dass man ein Amt über Jahrhunderte in den Köpfen der Menschen verankern kann. Man muss es also nicht für jeden neuen Inhaber wieder von vorn aufbauen. Für den einzelnen Repräsentanten der Funktion wird das aber durch den großen Nachteil erkauft, dass er als Mensch in diesem Amt austauschbar wird. Ein Papst oder Präsident ist nur so lange mächtig, bis ihm jemand das Amt streitig macht. Wer genau auf dem Heiligen Stuhl sitzt, ist der Masse egal – solange er nur nicht leer bleibt.

Bei vielen Menschen ist diese Art von Machtverständnis sehr beliebt. Sind doch die Machthaber dadurch vermeintlich klar markiert. Ganz nach dem Motto: Diese Person sitzt auf diesem Posten, daher ist sie mächtig. Nehme ich mich vor ihr in Acht, kann mir nichts weiter passieren. Wenn auch diese Idee dem menschlichen Bedürfnis nach bequemer Kategorisierung sehr entgegenkommt, bewirkt sie doch einen gefährlichen Irrtum.

Echte Macht ist nämlich nicht sichtbar. Wie Wind und Strom gibt sie sich alleine in ihren Auswirkungen zu erkennen.

So gerne viele das auch hätten: Man kann nicht eine Reihe unbekannter Menschen abschreiten und diese aufgrund irgendwelcher Äußerlichkeiten in Mächtige und Machtlose unterteilen. Können Sie nicht beobachten, wie seine Umgebung auf ihn reagiert, würden Sie nicht einmal den mächtigsten Menschen der Welt erkennen.

Für den Machthabenden selbst wiederum ist Macht ein zwar angenehmes, aber durchaus flüchtiges Gefühl. Gleich Zorn oder Freude verschwindet es schleichend, wenn es nicht ständig bestärkt oder erneuert wird. Man kann Macht nicht erhalten und dann für den Rest seines Lebens wie

einen Pokal zu Hause aufstellen. Unglücklicherweise lebt das Gefühl von Macht alleine davon, dass möglichst viele andere von ihr Kenntnis haben. Übertrüge ich Ihnen das Kommando über eine Million Menschen, die davon aber nichts wüssten, gäbe Ihnen das wirklich ein Gefühl von Macht? Wohl kaum.

Wann genau aber fühlten Sie sich mächtig? Ab zehn Personen, die Ihrem Befehl unterstellt sind? Ab fünfzig? Oder erst ab fünfzigtausend? Für die Tatsache Ihrer Macht ist das Gefühl egal. Sobald Sie Einfluss auf nur ein einziges Wesen haben, haben Sie Macht.

Das Ziel von Machtausübung ist die verändernde Einflussnahme auf die Umwelt. Folglich drückt sie sich alleine in der Person des Befehlshabers aus und nicht in der Anzahl der Empfänger.

Macht findet von selbst ihre Verbreitung von oben nach unten, weil Menschen Angst vor ihr haben. Gerade hier ist es der vermeintliche Nachteil der Unsichtbarkeit, aus dem sie ihre unfassbare Stärke bezieht.

Wer vorgibt, auf Seiten der Mächtigen zu stehen, wird alleine dadurch mächtig. Zumindest solange nicht mit Sicherheit ausgeschlossen werden kann, dass dem wirklich so ist. Zum Leben erwacht diese häufige Erscheinungsform des Machtmissbrauchs meistens in Form der Drohung. Man erzählt von Medien, Anwälten, Gerichten, Schlägertrupps oder sonstigen Personen, die man angeblich oder wirklich kennt. Freilich ist das Missbrauch mit allen beschriebenen Konsequenzen. Weitergedacht, erfüllen die Bedrohten Ihre Forderungen nämlich nur, um einen persönlichen Schaden zu vermeiden. An genau diesem Punkt aber verlassen Sie den hellen Bereich der Macht und betreten das dunkle, unbeständige Reich der Gewalt.

Andererseits ist gerade die Unfassbarkeit von Macht ihre todbringende Seite. Da man ihren Besitz an nichts festmachen kann, beginnen viele Mächtige nach einiger Zeit an ihr zu zweifeln. Wie schon gesagt, das Gefühl, Macht zu haben, will erneuert werden. Im Laufe der Zeit werden die Betroffenen immer mehr von der Angst befallen, ihre Macht zu verlieren. Wer aber seiner eigenen Macht nicht mehr vertraut, ist dem Tod geweiht.

Wie kann man sich selbst mit Sicherheit davon überzeugen, dass die nötigenfalls zur Machterhaltung angeordnete Gewalt auch wirklich ausgeführt wird? Indem man sie anordnet und damit indirekt vom Mächtigen zum Gewalttäter wird. Im Gegensatz zu Macht aber, Sie erinnern sich, ist Gewalt ein Ärgernis, dass die Betroffenen so schnell wie möglich beseitigen wollen.

Wahre Macht, so lehrt uns das erste Siegel, kann nur bekommen, wer sie von der Gewalt zu trennen versteht. Er muss bereit sein, sie anzunehmen und zu geben, was allen Wesen das höchste Glück ist: Anerkennung, Zuwendung und das Gefühl, selbst wichtig zu sein.

DAS SIEGEL IN KÜRZE

- Machtmissbrauch entsteht meist nicht aus Vorsatz, sondern aus fehlendem Bewusstsein.
- Im Gegensatz zu Gewalt kann man Macht ausüben, ohne es zu wissen.
- Den wenigsten Menschen ist das Ausmaß ihres Einflusses auf andere wirklich bewusst.
- Macht ist unfassbar und nur in ihren Auswirkungen zu erkennen.
- Wer Gewalt einsetzt, um sich seiner Macht zu vergewissern, hat diese bereits verloren.

MACHT VON GEWALT UNTERSCHEIDEN LERNEN

Folgende Fragen sollen Ihnen helfen, sich bewusst zu machen, was Macht für Sie bedeutet.

- ▶ Warum wird Gewalt so häufig zur Machterhaltung eingesetzt?
- ▶ Wer hat Macht über Sie? Und wodurch?
- ▶ Hat ein Erpresser Macht?
- ▶ Warum hat ein König normalerweise mehr Macht als ein General?
- ▶ Wie kann man seine Macht überprüfen?
- ▶ Was beschreibt für Sie das Gefühl von Macht?

*Die Menschen
unterwerfen sich
aus Gewohnheit allem,
was Macht haben will.*

Friedrich Nietzsche

Siegel 2
Nutze das Vorhandene

Sich alter Machtwerkzeuge
bewusst werden

Stellen Sie sich bitte einmal vor, Sie sind aus irgendwelchen Gründen auf der Flucht. Auch wenn Sie sich keiner Schuld bewusst sind, wissen Sie, dass Sie gesucht werden. In eine Falle geraten, versuchen Sie Ihren Verfolgern zu entkommen. Während Sie also flüchten, hören Sie hinter sich plötzlich eine laute männliche Stimme rufen: »Halt! Stehen bleiben! Bernhard Moestl!« Bernhard – WER?, durchzuckt es Sie. Außer einem Buchautor vielleicht kennen Sie niemanden, der so heißt. Kein Grund also, die Aufforderung zu befolgen. Sie laufen weiter.

Mein Versuch, Sie durch die Nennung meines Namens zum Anhalten zu bewegen und somit über Sie Macht zu bekommen, ist also gescheitert. Probieren wir es anders. Gleiche Szene wie vorhin: Sie kommen gerade aus Ihrem Versteck, laufen um Ihr Leben und hören plötzlich von hinten meine Stimme: »Halt! Stehen bleiben! Polizei!« Besser, nicht wahr? Erschrocken halten Sie an und stellen mit Erstaunen fest, dass es nicht die Polizei ist, die sich hinter Ihnen befindet, sondern ich. Jetzt habe ich Sie zu einer Handlung veranlasst und somit Macht über Sie erhalten. Warum hat es aber diesmal geklappt? Weil Sie die Polizei kennen? Natürlich nicht. Aber weil Sie ohne Nachdenken gewusst haben, was zu tun war.

Viele Menschen, die Macht über andere bekommen möchten, verschwenden unnötig viel Energie auf das Erschaffen von neuen Machtmitteln, anstatt auf bereits vorhandene Mechanismen zurückzugreifen.

Nehmen wir obiges Beispiel. Natürlich könnte ich mir die Mühe machen, dafür zu sorgen, dass die Menschen wissen, wer ich bin und wie sie auf meinen Anruf zu reagieren haben. Aber wozu sollte ich das tun, wenn das simple Wort »Polizei« ohnehin das Gewünschte bewirkt? Dabei ist die Polizei nicht einmal ein real existierendes Wesen. Tatsächlich handelt es sich um eine reine Begrifflichkeit, die aber als Institution mit bestimmten Gewaltwerkzeugen in den Köpfen der Menschen einen festen Platz hat. Das merken Sie daran, dass sich Ihr Verhalten allein aufgrund dieses Wortes verändert hat. Sie bleiben stehen, weil ich »Polizei« rufe und nicht, weil ich Polizist bin. Im vorigen Kapitel habe ich dargelegt, dass Macht ihre eigentliche Kraft aus der Unsichtbarkeit bezieht. Natürlich könnten Sie weiterlaufen und meine Aufforderung ignorieren. Aber was, wenn ich dann wirklich von der Polizei bin?

So wenig Macht mit Gewalt zu tun hat, so wenig hat sie vordergründig mit den Menschen zu tun, die sie ausüben. Es ist am Ende nicht wichtig, ob Sie diese kennen, ja nicht einmal, ob diese überhaupt existieren.

In vielen Ländern geht die Macht des sogenannten »Gesetzgebers« bis zur Entscheidung über Leben und Tod. Das weiß und akzeptiert jeder, der dort lebt oder der dieses Gesetz kennt. Zwar kann niemand sagen, wer genau sich hinter dem Begriff »Gesetzgeber« verbirgt. Trotzdem gelten die ihm in den Mund gelegten Worte den meisten Leuten als so unabänderlich wie göttliche Gebote. Die Macht dieses Sprachkonstrukts findet ihre Grenze nicht einmal bei gebildeten, vermeintlich kritischen Personen. Selbst diese beteuern, Ungerechtigkeiten zwar ganz klar zu sehen, aber bedauerlicherweise auf Grund der aktuellen Gesetzeslage nicht anders handeln zu können.

Wirklich erschreckend finde ich in diesen Fällen oft die Reaktion der Betroffenen. Diesen wird teilweise vorsätzlich und ohne Grund wirklicher Schaden zugefügt. Obwohl sie naturgemäß darunter leiden, haben sie gleichzeitig Verständnis, dass die Anweisungen des Gesetzgebers in jedem Fall befolgt werden müssen. Schlimm ist, dass diese Akzeptanz der unverschuldeten misslichen Lage nicht geheuchelt ist, sondern echter Überzeugung entspringt. Ich meine, wollen Sie etwa das Gesetz in Frage stellen?

HAT EIN »HERR DOKTOR« IMMER RECHT?

Der gleiche Mechanismus steckt hinter der Verwendung von Titeln. Schon ein Kind lernt, dass ein König mächtiger ist als andere Menschen. Daher sollte man ihn tunlichst mit Geschenken wohlwollend stimmen und ihm auf keinen Fall widersprechen. Schließlich ist er der König! Dumme Frage: Was genau verbirgt sich hinter dem Begriff »König«? Warum weiß jeder, dass dieser Typ so mächtig ist? Und was verbindet man heute mit den Bezeichnungen Doktor, Studienrat oder CEO? Am Ende wohl das Gleiche wie Himmel und Hölle, wie Wiedergeburt und Nirwana. Titulierungen von Personen sind aus der Entfernung betrachtet lächerliche, in der Praxis aber perfekt funktionierende Lenkmechanismen der Macht. Nach Meinung der

meisten weiß ein Theologe mehr über das Wesen Gottes als ein gläubiger Bauarbeiter. Selbstverständlich wird man einem vorgeblich studierten Meteorologen auch bei wolkenlosem Himmel glauben, dass in wenigen Minuten ein entsetzliches Unwetter hereinbrechen wird, und einen alten Fischer, der in einer solchen Situation wie seit fünfzig Jahren sein Boot zur Ausfahrt bereitmacht, verächtlich als Spinner abtun. Sehen Sie, was ich Ihnen zeigen möchte?

Es gibt Mechanismen, die bereits wie Haltegriffe in den Menschen verankert sind und an denen man diesen nur packen muss, um sie zu manipulieren.

Sie möchten zum Beispiel Macht über eine Gruppe heftig diskutierender Studienanfänger erlangen? Sagen Sie Ihnen doch einfach, dass Sie den Titel eines Professors haben und am Ende keiner der beiden Gruppen recht hätte. Leider haben Sie im Moment keine Zeit, den genauen Sachverhalt aufzuklären … Auch wenn man Sie nie zu einer späteren Erklärung auffordern wird, werden die jungen Leute Sie von nun an besonders aufmerksam und freundlich grüßen und Ihre Anweisungen befolgen.

Das glauben Sie nicht? Nach einer bekannten Anekdote wurde der Mathematiker Leonhard Euler eines Tages an den Hof Katharinas der Großen eingeladen. Da der Philosoph Diderot sehr zum Ärger der gläubigen Zarin die Existenz Gottes leugnete, sollte Euler in einer öffentlichen Diskussion einen mathematischen Beweis dafür erbringen. Als der Disput begann, stand Euler auf und sagte zu Diderot: »Mein Herr! $(a+b)/n = x$, also existiert Gott. Antworten

Sie!« Diderot, der auf dem Gebiet der Mathematik völlig unbewandert war, musste sich geschlagen geben.

Ein anderes Beispiel für diese Art von Macht lieferte im 17. Jahrhundert der französische Richter Pierre de Fermat. Er war nicht nur wegen seines großen Wissens auf dem Gebiet der Rechtswissenschaften bekannt, sondern galt auch als begnadeter Mathematiker. Eines Tages hinterließ er auf seinen Aufzeichnungen eine berühmt gewordene Randnotiz. Für die Gleichung $x^n + y^n = z^n$, so seine Behauptung, gebe es keine größere ganzzahlige Lösung für n als zwei. »Ich habe«, so notierte Fermat neben diese Aussage, »dafür einen wahrhaft wunderbaren Beweis gefunden. Aber in dieser Randspalte reicht der Platz nicht, um ihn aufzuschreiben.« Die Konsequenz dieser Bemerkung war unglaublich: Knapp vierhundert Jahre lang sollte sie die besten Mathematiker fast in den Wahnsinn treiben, weil es keinem von ihnen gelang, diese vermeintlich so simple Behauptung zu beweisen. Was Fermat so nebenbei gelungen war, musste ihnen doch erst recht möglich sein! Als 1994 endlich der Durchbruch gelang, war das Erstaunen groß: Der Beweis für Fermats Vermutung, der mit den modernsten Techniken der Mathematik geführt wurde, war über hundert Seiten lang. Ob er selbst den behaupteten Beweis jemals hatte, darf ebenso getrost bezweifelt werden wie die Idee, dass die Randspaltennotiz auch nur auf das geringste Interesse gestoßen wäre, hätte sie nicht ausgerechnet Pierre de Fermat verfasst.

WIE ANGST VOR MACHT ENTSTEHT

Es geht aber noch besser. Im extremsten Fall ist nämlich die Macht eines Menschen alleine von seiner physischen Position

abhängig, also rein davon, an welchem Ort er sich gerade befindet. Wer in einem Bus auf dem Sitz des Reiseleiters Platz nimmt, wird allein nur durch diese Position zu einer Respektsperson, der man bereitwillig zuhört.

Ich erinnere mich in diesem Zusammenhang gut an eine Situation, in der ich an einer damals noch kontrollierten Grenze Straßensteuer bezahlen musste. Nachdem ich die Formalitäten erledigt hatte, musste ich noch auf einen Stempel warten. Ich vertrat mir zuerst ein wenig die Beine und blieb dann geistesabwesend vor jenem Häuschen stehen, in welchem normalerweise das Kontrollorgan saß. Ein mehrmaliger scharfer Hupton riss mich aus meinen Gedanken, und ich bemerkte plötzlich, dass am Grenzpunkt eine lange Autoschlange entstanden war. Vor mir hatte ein Wagen angehalten, und der Fahrer wartete darauf, dass ich endlich die Pässe kontrollieren oder ihn durchwinken würde. Auch in den anderen Autos sah ich schon bereitgehaltene Reisepässe. Nachdem ich dem Fahrer erklärt hatte, dass ich kein Grenzbeamter, sondern ein wartender Reiseleiter war, zögerte er kurz, fuhr aber dann, die Kolonne im Schlepptau, im Schritttempo an mir vorbei. Nicht aber, ohne dass der eine oder andere auf mein Signal zur Weiterfahrt wartete.

Diese Situation zeigt: Hier entstand Macht aus Angst vor Macht. Selbst wenn weder mein Äußeres noch mein Benehmen in irgendeiner Form auf eine Kontrollbefugnis hindeuteten, niemand wollte etwas riskieren. Sie meinen, Sie würden in dieser Situation genauso handeln, auch wenn Sie eigentlich nicht wissen, warum? Ich will es Ihnen sagen.

Die Voraussetzungen dafür, dass Menschen bereit sind,
Mächtigere zu erkennen und sich diesen unterzuordnen, werden schon
in einem sehr frühen Lebensalter geschaffen.

Vielleicht erinnern Sie sich noch, dass Sie als Kind ihre gleichaltrigen Freunde nur mit Vornamen angesprochen haben, bei bestimmten Bekannten oder Verwandten aber der Zusatz »Onkel« oder »Tante« obligatorisch war. Was heute vielleicht lächerlich wirkt, hatte gravierende Folgen. Kinder werden auf diese Weise schon sehr früh daran gewöhnt, dass es gleichwertige und höherwertige Menschen gibt. Und es wird ihnen bereits in frühem Alter unauslöschlich eingeprägt, dass die Position eines Menschen von einem Namenszusatz abhängig ist.

Unterstützt man diese Technik durch die bekannten Aussagen, dass Kinder im Beisein sprechender Erwachsener zu schweigen hätten, und ergänzt man sie noch durch Belehrungen wie »Eigenlob stinkt«, macht man schon junge Menschen bewusst von der Anerkennung durch andere abhängig. Somit steht nach kurzer Zeit ein neuer wehrloser Mensch für gehorsamsten Machtempfang bereit. Mit eben dieser Prägung werden Kinder dann erwachsen.

Nehmen wir einmal an, vor Ihnen stehen zwei Menschen, die beide vorgegeben, Experten auf dem Gebiet der Medizin zu sein. Der eine präsentiert Ihnen eine Urkunde der XY-Universität, die ihn als Doktor der Heilkunde ausweist. Der andere behauptet, sich das gesamte auf der Universität gelehrte Wissen zwar nicht in Vorlesungen, sondern zu Hause und bei unzähligen Praxisstunden selbst erworben zu haben. Sie fragen nun die beiden Herren nach ihrer Meinung betreffend die Behandlung einer sehr seltenen Krank-

heit. Die Meinung des Autodidakten ist das genaue Gegenteil von der des studierten Mediziners. Wem glauben Sie wohl? Und warum?

Sie können jetzt sagen, dass das Wissen des Universitätsabsolventen ja überprüft worden sei, er sich also nicht grundlos als Doktor bezeichnen dürfe. Nun ist nicht einmal diese Annahme wirklich richtig, sondern auch hier der Wunsch der Vater des Gedankens. Wir möchten nämlich gerne glauben, dass jemand, der einen bestimmten Abschluss hat, in der Folge auch gewisse Dinge weiß. Sie nehmen aber wohl auch an, dass jemand, der erfolgreich eine Führerscheinprüfung absolviert hat, folglich auch Auto fahren kann, oder nicht? Wie kann es aber dann sein, dass Führerscheinbesitzer Unfälle mit mehreren Toten verursachen? Nichtsdestotrotz werden Sie wahrscheinlich lieber mit jemandem mitfahren, der zwar schon zwei Unfälle verschuldet, aber einen Führerschein hat, als mit jemandem, der zwar dreißig Jahre unfallfrei, aber ohne Führerschein gefahren ist. Soll es so sein. Gut, denken Sie vielleicht, beim Autofahren kann ich ja jederzeit aussteigen, aber einem Arzt bin ich ausgeliefert. Dann lassen Sie uns doch einmal annehmen, die fragliche Krankheit wurde erst zwanzig Jahre nach dem Studienabschluss des Arztes entdeckt. Sie kann also gar nicht Teil seiner Ausbildung gewesen sein. Glauben Sie dann nicht trotzdem eher dem Arzt?

JEDE GRUPPE BRAUCHT EINEN ANFÜHRER

Wer effizient Macht über andere ausüben möchte, muss begreifen und benutzen, was bereits vorhanden ist. Da ist zum einen die Tatsache, dass der Mensch ein Herdentier ist.

Nicht nur er übrigens, auch Hunde, Pferde oder Elefanten gehören zu dieser Spezies. Diesen gemeinsam sind die Fähigkeit und die Bereitschaft, als Gruppe zu leben, also bestimmte Wesen als Anführer zu akzeptieren und sich deren Weisung unterzuordnen. So ist es recht einfach, das Herdentier Hund abzurichten. Beim Einzelgänger Katze wird das gleiche Unterfangen hingegen mit großer Wahrscheinlichkeit scheitern.

Wesen, die in Gesellschaften leben,
bringen von Natur aus die Fähigkeit zur Unterordnung mit.

Nun kommt beim Menschen noch ein weiteres, schier unbezahlbares Steuerwerkzeug dazu: das unüberprüfte Wissen der Kindheit. Er erwirbt es zu einer Zeit, wenn es ihm noch nicht möglich ist, sich durch Nachdenken gegen offensichtlichen Unsinn zu wehren, und findet nie mehr die Gelegenheit, es auf seine Richtigkeit hin zu überprüfen.
Gerade im Zuge der Machtausübung mit Gewalt, wie im einleitenden Beispiel beschrieben, wird hier allerdings oft etwas Entscheidendes übersehen: Wesen fürchten sich nur vor etwas, mit dem sie bereits schlechte Erfahrungen gemacht haben. Tiere, die keine Menschen kennen, kommen und betrachten diese neugierig, anstatt panisch das Weite zu suchen. Auch als die Engländer Australien eroberten, ließen sich die Eingeborenen zunächst nicht durch den Anblick von Schusswaffen einschüchtern, da sie so etwas einfach nicht kannten. Da die Eroberer aber ihre Macht unbedingt mit Gewalt erlangen wollten, blieb ihnen nur die Möglichkeit, ihre einzigen Helfer zu vernichten.

51

»DAS WAR SCHON IMMER SO«

Es gibt also vermeintliche Tatsachen, die so fest in unseren Köpfen verankert sind, dass sie sich mit aller Kraft dem Nachdenken entziehen. So teilen zum Beispiel aus mir unverständlichen Gründen Menschen Freud und Leid am liebsten mit den eigenen Landsleuten. Soll es so sein. Nur, wenn ein serbischer Sportler mit französischem Pass, der in Nigeria geboren wurde, in einer Sportart Weltmeister wird, wer freut sich dann? Die Deutschen wohl kaum, oder? Wenn aber derselbe Mann im Jahr darauf seinen Erfolg mit deutscher Staatsbürgerschaft wiederholt, warum sieht die Sache dann plötzlich ganz anders aus? Warum lehnen wir einen Menschen als Ausländer ab, solange er den falschen Pass hat, begrüßen aber dieselbe Person freudig als Landsmann, sobald sein Reisepass den gleichen Umschlag hat wie unserer? Wieso übergeben wir einer Ausländerbehörde freiwillig die Macht, für uns zu entscheiden, wie wir jemand anderem begegnen sollen?

Es ist aber noch viel mehr vorhanden. So zum Beispiel die erstaunliche Tatsache, dass Menschen etwas normal finden, wenn es vermeintlich schon immer so war. Wahrscheinlich hat auch das damit zu tun, dass wir mit vielem das erste Mal zu einer Zeit in Berührung gekommen sind, als Widerstand durch Denken noch nicht möglich war.

Lassen Sie mich ein Beispiel geben. Angenommen, ein Versicherungsunternehmen käme morgen auf die Idee, den Preis Ihrer Autoversicherung von Ihrem Einkommen abhängig zu machen. Motto: Wer mehr verdient, muss auch mehr bezahlten. Die Folge wäre wohl ein ziemlicher Aufruhr. Schließlich waren die Kosten schon immer von der Motorleistung abhängig, und jeder findet das auch richtig so!

Nicht, weil die meisten den Grund dafür kennen oder gar verstehen. Einfach, weil es eben schon immer so war. Andererseits wäre die Idee ja gar nicht so neu. Nehmen wir nur die Krankenversicherung. Diese ist ganz selbstverständlich an das Einkommen gebunden. Wer mehr verdient, erhält zwar nicht eine größere Leistung, muss aber mehr bezahlen. Vergessen Sie bitte für den Moment alle Ideen nach dem Motto: »Wer mehr verdient, kann ruhig auch mehr beitragen.« Sie mögen gut und richtig sein, aber darum geht es hier nicht. Tatsache ist, dass wir eine Versicherung abschließen, damit diese in einem vordefinierten Schadensfall eine vordefinierte Leistung zu einem vordefinierten Preis erbringt. Wie man bei der Autoversicherung sehen kann, würde das auch jeder ganz selbstverständlich erwarten. Ausnahmen versteht die Masse ausschließlich dort, wo es eben immer schon anders war.

Was nun für die Versicherung im Kleinen zutrifft, gilt auch für unser gesamtes Zusammenleben im Großen. Auch bei Gesetzen ist zum Beispiel nur die Tatsache entscheidend, dass diese über die Köpfe der Bürger hinweg gemacht werden. Da das aber vermeintlich schon immer so war, können diese das nicht ändern. Und bevor sie daran zugrunde gehen, erkennen sie es lieber als richtig an. Damit übertragen sie der Obrigkeit Macht über sich.

WEIL DAS GESETZ ES SO WILL
ODER »DARF MAN DAS ÜBERHAUPT?«

Es scheint vielen nicht bewusst zu sein, dass die Texte von Gesetzen und Verordnungen nicht im Himmel erdacht und als unveränderliche Anweisungen auf die Erde gesendet

werden. Genauso wenig, wie sie übrigens als Regelwerk für ein konfliktfreies Zusammenleben gedacht sind.

Gesetze sind ein Instrument der Machtausübung,
das ausschließlich jenen nützt, die sie geschaffen haben.

Auch wenn das jetzt provokant klingt, es ist so. Wären Gesetze dazu da, von allen verstanden zu werden, warum sind sie dann ganz bewusst in einer Sprache verfasst, die sich dem Adressaten erst nach mehrjährigem Studium erschließt? Weil, wie schon ein altes Sprichwort sagt, Unwissenheit nicht vor Strafe schützt.

Ihre eigentliche Aufgabe haben Gesetze als Gerüst jedes Machtgebäudes. Wo Menschen die Richtigkeit einer Handlung beurteilen, legen sie zuerst ihr eigenes Verhalten als Maßstab an. Irgendetwas lässt sie aber dann doch an sich selbst als Wertmaßstab zweifeln, also suchen sie etwas Stabileres. Plötzlich tritt die eigene Einschätzung zurück zugunsten der Frage: »Darf der denn das?«

Wer auch immer das Recht haben könnte, einem anderen etwas zu erlauben oder zu verbieten: Solange jemand »etwas darf«, besteht kein weiterer Bedarf, über die Richtigkeit dieser Handlung nachzudenken. Das haben schließlich schon andere, Mächtigere getan.

So können Sie heute als Machthaber die entsetzlichsten Verbrechen begehen, solange Sie nicht einen Fehler machen: Sie vergessen, diese vorher gesetzlich zu legitimieren. Schön zu sehen ist dieses Prinzip beispielsweise beim Hausbau. Stürzt hier aus irgendeinem Grund ein Gebäude ein und kommt dabei vielleicht auch noch jemand zu Schaden, interessiert die Menschen vor allem eines: »War denn das

genehmigt?« War es das nämlich nicht, dann sei dem Bau-
herren Gott gnädig. Hat er doch gegen behördliche Aufla-
gen verstoßen! Neben einer empfindlichen Schadenersatz-
zahlung und öffentlicher Verachtung hat der Unglückliche
plötzlich tausend Probleme am Hals. Wurde die Genehmi-
gung hingegen erteilt, passiert – nichts. Das ist insofern
erstaunlich, als ja derjenige, der sich hier angemaßt hat,
etwas zu genehmigen, natürlich auch die volle Verantwortung trägt. Wer aber erwartet, dass diese mit der gleichen
Härte von einem amtlichen »Genehmiger« eingefordert
wird wie von einem Bauherrn, der liegt sehr weit daneben.
In diesem Fall erkennt die Masse das Vorliegen der Ge-
nehmigung und beteiligt sich gezwungenermaßen an all-
fälligem Schadenersatz.

Das Spiel geht aber weiter. Die meisten gehen davon aus,
dass Personen, sobald sie sich in gewissen Positionen befinden, sich schon aus Prinzip an Regeln halten. Wenn so
jemand das tut, wird es wohl in Ordnung sein! Schließlich
ist er ein Richter, Polizist, Arzt, Akademiker oder Minister! Und sollten einmal wirklich begründete Zweifel an
der Aufrichtigkeit einer hochgestellten Persönlichkeit be-
stehen, helfen andere Obrigkeiten nach. Man kann zwar
nicht das Gesetz biegen, aber seine Auslegung. Wie sonst
wäre es zu erklären, dass zwei Gerichte in ein und derselben
Angelegenheit zu einer völlig entgegengesetzten Erkenntnis kommen?

Gerade Gesetze zeigen sehr schön, dass Menschen grundsätzlich alles, das vermeintlich vor ihnen da war, für gegeben
und daher für richtig erachten. Denn, erlauben Sie mir die
Frage, genau wann und wodurch haben Sie die Regeln jenes
Landes, in dem Sie leben, akzeptiert? Dadurch, dass Sie

zufällig dort geboren wurden? Betreten Sie einen anderen Staat, das ist klar, akzeptieren Sie mit der Einreise dessen Bedingungen. Aber wann haben Sie jemanden dazu autorisiert, über Ihr Leben, Ihr Geld, Ihre Versicherungsleistungen und sogar über Ihren Parkplatz zu verfügen? Nie. Das ist aber auch nicht notwendig, weil sich ohnehin keiner Gedanken darüber macht. Es war ja immer schon so.

Nichts ist für den Aufbau von großer, unkontrollierbarer Macht wichtiger und essenzieller als Verständnis für genau dieses Verhalten vermeintlich mündiger Menschen. Wohin bitte würde eine Erb-Diktatur führen, würden sich die Bewohner überlegen, wer eigentlich das Recht hat, dem Nachfolger Macht über sie einzuräumen?

DIE MACHT DER MASSE …

Ein weiteres Phänomen, welches das Entstehen von Macht unterstützt, ist das Prinzip der Herde. Es ist jedem bekannt, dass Menschen, die in Gruppen auftreten, plötzlich ganz anders handeln, als wenn sie alleine sind. So mancher hat da seinen besten Freund plötzlich nicht mehr wiedererkannt. Der Grund dafür liegt hier weniger in der Anerkennung durch einen Anführer oder die anderen Gruppenmitglieder. In einer Gruppe wollen ohnehin alle das Gleiche.

Die wichtigste Triebfeder für gruppenkonformes Verhalten scheint das Bedürfnis zu sein, auf keinen Fall durch unangepasstes Verhalten aufzufallen. Dadurch könnte der Einzelne nämlich den vermeintlichen Rückhalt durch die Gruppe verlieren. Sobald eine Herde ein einzelnes Tier verstößt, verliert dieses den Schutz der Meute und wird leichte Beute für seine Feinde. Unerwünschtes Verhalten, so lehrt uns die Natur, kann tödlich sein.

Wenn auch dem Menschen Gruppen weder wirkliche Obhut bieten, noch ein Ausschluss aus diesen lebensbedrohlich wäre, sollte man das Potenzial, aber auch die Gefahr dieser tief verwurzelten Angst nicht unterschätzen.

Interessanterweise beginnen gerade in Gruppen unterdrückte Menschen sich vorgeblich mit ihren Unterdrückern zu solidarisieren. Jedes Abweichen eines Einzelnen vom Herdenverhalten empfinden die anderen als persönlichen Angriff. Selbst wenn es ihnen völlig egal sein könnte, ist es das nicht. Zwecks Gegenangriff wird nun sowohl gegenüber der Obrigkeit als auch gegenüber dem Rest der Gruppe das angeordnete Verhalten besonders demonstrativ zur Schau stellt.

Sehr häufig ist dieses Phänomen an Kassen von Supermärkten zu beobachten. Ich muss hier vorausschicken, dass in den meisten Ländern weder Kassierer noch Sicherheitspersonal ein gesetzliches Anrecht darauf haben, Einblick in die Einkaufstaschen oder Rucksäcke der Kunden zu nehmen. So aggressiv entsprechende Schilder und Angestellte das auch suggerieren möchten, eine rechtliche Grundlage hierfür existiert einfach nicht. Obwohl also niemand dazu verpflichtet ist, einen Security-Mitarbeiter in seinen persönlichen Sachen kramen zu lassen, öffnen die meisten an der Kasse bereitwillig ihre Tasche oder Rucksack. Sie geben damit dem Durchsuchenden freiwillig Macht über sich.

Möglich ist das, weil hier zwei Voraussetzungen zusammenkommen. Zum einen gehen die Kunden davon aus, dass das bedrohlich dreinblickende Personal mit Sicherheit eine gesetzliche Berechtigung zur Taschenkontrolle hat. Sie würden, so denkt der verängstigte Käufer, sonst wohl kaum auf diese bestimmte Art fragen. Verfehlt dieser

Druck einmal die Wirkung und verweigert jemand die Durchsuchung mit dem deutlichen Hinweis auf die aktuelle Gesetzeslage, kommt die Masse unterstützend zu Hilfe. Die nach ihm kommenden Personen zeigen besonders demonstrativ, welches Verhalten hier erwünscht ist. Mit übertriebener Freundlichkeit und bösen Blicken in Richtung des Abweichlings öffnen sie sogar jene Behältnisse, die das Personal gar nicht sehen wollte. Beeindruckt wird der Verweigerer beim nächsten Mal sein Verhalten wohl noch einmal überdenken.

Damit kein falscher Eindruck entsteht: Hier entwickelt sich Macht nicht aus der Persönlichkeit des Personals, sondern alleine aus dem Druck der Herde. Nicht die Kassiererin übt also Macht aus, sondern der Besitzer des Ladens, der sich geschickt der Kraft der Masse bedient. Dieselben Menschen würden nämlich dieselbe Kassiererin, an der sie soeben untertänigst mit weit geöffneten Taschen vorbeigeschlichen sind, ziemlich unhöflich behandeln, beugte diese sich nicht dem Druck der Masse und veranlasste die Öffnung einer weiteren Kasse für die wartende Schlange.

Die wohl beste Bestätigung dieser Theorie liefert ein anonym bleibender Schreiber auf der Homepage eines großen Online-Buchhändlers. Dort haben Leser die Möglichkeit, ihre Meinung über Bücher und Autoren kundzutun. Einmal stieß ich auf ein Buch, das von den meisten Lesern demonstrativ übermäßig gut bewertet wurde. Ein Rezensent fand jedoch den Mut, sich gegen die Lobeswelle zu stellen, und schrieb eine negative Bewertung. Die Antwort auf dieses ungeheuerliche Abweichen von der Massenmeinung kam prompt: »Ich habe nie eine sinnlosere Bewertung gelesen als diese! Hallo, klopf klopf, jemand zu Hause?

Wenn 95 % etwas in den höchsten Tönen loben, dann kann mit mir etwas nicht stimmen, wenn ich es komplett anders sehe …«

Sinnlos, so lehrt uns das zweite Siegel der Macht, ist es, neue Strukturen zu schaffen, wo sie bereits in allerhöchster Perfektion verfügbar sind. Echte Macht hat derjenige, der es versteht, die Kraft des Vorhandenen für seine Zwecke zu nutzen.

DAS SIEGEL IN KÜRZE

- Macht bekommt man am schnellsten, indem man bereits vorhandene Strukturen nutzt.
- Der Mensch ist als Herdentier von Natur aus zur Unterordnung bereit.
- Die Grundlagen des Gehorsams werden bereits in der Kindheit gelegt.
- Was schon immer so war, wird ohne Rückfrage zur Grundlage für alle weiteren Bewertungen.
- Menschen stellen die Meinung von Obrigkeiten über ihre eigenen Einsichten.

DIE EIGENEN MACHTWERKZEUGE ERKENNEN

Sind Sie bereit, das Vorhandene zu nutzen? Folgende Fragen sollen Ihnen das zeigen.

- ▶ Ist ein Kaiser mächtiger als ein König?
- ▶ Ist ein selbsternannter Diktator mächtiger als ein demokratisch gewählter Herrscher?
- ▶ Woher wissen Sie, dass jemand, der sich als Arzt ausgibt, auch einer ist?
- ▶ Was ist in Ihrem Umfeld für Ihren Machtaufbau vorhanden?
- ▶ Was ist ein »Inländer«?

Jede Kriegsführung
basiert auf Täuschung.

Sun Tse

Siegel 3
Erkenne die Kraft der Illusion

Täuschen mit der Angst vor Macht

Neulich habe ich einen Anruf bekommen, der Sie vielleicht interessieren könnte. Am Telefon war ein Mann. Seinen Namen wollte er nicht verraten. Er meinte, es reiche, wenn ich wisse, er sei von meiner Bank. Er sei Computertechniker beziehungsweise in der Datensicherung tätig, um genau zu sein. Im unserem Gespräch erwähnte er »Unmengen von Schwarzgeldkonten«, von denen er Kenntnis bekommen hätte. Jedenfalls hat mir der Anrufer schließlich ein sehr interessantes Angebot gemacht, und ich dachte mir, darüber sollte ich Sie informieren. Gegen einen kleinen »Obolus«, so meinte der Informant, könne ich nämlich die gesamten Umsatzlisten der letzten zehn Jahre bekommen. Dort steht, wer wann was eingezahlt hat. Nicht, dass dies für mich persönlich interessant sei, aber der Steuerfahndung wäre die Information bestimmt eine Menge Geld wert. Die Bank selbst wisse von dem allen natürlich nichts. Eigentlich, so meinte der Anrufer, sei das ja illegal. Aber das kümmere die Behörden nicht, solange diese nur an ihr Geld kämen.

Was das alles mit Ihnen zu tun hat? Ich fürchte, eine ganze Menge. Niemand versteuert schließlich sein ganzes Geld. Ab und an unter der Hand etwas dazuzuverdienen ist doch normal, oder? Da machen Sie wahrscheinlich keine Ausnahme. Das Problem ist, dass Sie genau dadurch die

Allgemeinheit und daher am Ende auch mich um Geld bringen, das mir gesetzlich zusteht. Dagegen muss ich mich wehren, das werden Sie verstehen. Aber keine Sorge, ich habe nicht vor, Sie anzuzeigen. Ich mache Ihnen einen anderen Vorschlag: Sie sagen mir freiwillig, wie viel Sie schuldig geblieben sind, zahlen mir davon eine Art Schweigegeld und haben keine weiteren Probleme mehr. Ich vergesse die Liste und auch die Frage, ob Ihr Name darauf steht. Abgemacht?

Wie gefällt Ihnen mein Geschäftsmodell? Nein, mit Erpressung hat das überhaupt nichts zu tun. Ich unterbreite Ihnen lediglich ein interessantes Angebot. Und dass ich den Bankspitzel in Wirklichkeit nur erfunden habe, um Sie zum Zahlen zu bewegen, tut auch nichts zur Sache. Diese eigenartige »Geschäftsform« der Täuschung findet im wirklichen Leben häufiger Anwendung, als Sie wahrscheinlich glauben. Schließlich kann man sehr leicht Gewalt über Menschen bekommen, indem man einfach behauptet, gewisse Dinge über sie zu wissen oder gegen sie veranlassen zu können. Tut man das auf die richtige Art und Weise und übertreibt es nicht, kann man Menschen alleine dadurch zu vielem bringen, dass man ihnen die Konsequenzen im Fall einer Verweigerung ins Bewusstsein ruft.

Der besonders fiese Trick bei diesem Spiel liegt darin, die Bestrafung durch jemanden anzudrohen, gegen den sich das Opfer für wehrlos hält. Welche Chance hätte man schon gegen einen Staat, der mit dem Kauf gestohlener Daten demonstrativ seine eigenen Gesetze übertritt? Da zahlen Sie schon lieber an mich. Nur wie gesagt, nicht übertreiben. Andeuten, nicht androhen. Das wäre Gewalt und bringt das Opfer gegen Sie auf.

Macht, das ist eines der Grundprinzipien jeder Herrschaft,
entsteht zu einem großen Teil aus Angst vor Macht. Genau diesen Umstand
nutzt die Kraft der Illusion.

Möglicherweise sind Sie jetzt ein wenig verwundert, in diesem Zusammenhang das Wort »Opfer« zu lesen. Habe ich nicht geschrieben, dass Menschen sich echter Macht aus freien Stücken unterordnen? Genau genommen gehört die Idee, Menschen mittels Täuschung zu manipulieren, auch gar nicht in dieses Buch. Zu schmal ist hier der Grat zwischen Macht und Gewalt, und zu schnell gerät man hier auf jene Seite, deren Betreten den Anfang vom Ende bedeutet. Tatsache ist jedoch, dass das gezielte Aufbauen von Illusion immer funktioniert, niemals versagt und Ihnen gleichsam augenblicklich Macht verschafft. Daher kann es durchaus Situationen geben, in denen ihre Anwendung gerechtfertigt ist. Tatsache ist auch, dass diese Technik kurzfristig extrem effizient ist und Ihnen daher täglich viele Male in den verschiedensten Spielarten begegnet. Das ist auch der Grund, warum ich sie hier beschreibe. Aber für den Aufbau stabiler, erfolgsorientierter Führungsstärke scheint sie mir nicht nur komplett ungeeignet, sondern tatsächlich gefährlich zu sein.

WER AUF ILLUSIONEN BAUT, VERLIERT

Nehmen wir einmal an, ich schicke Ihnen eine Rechnung, weil Sie angeblich auf meiner Website etwas bestellt haben. Tatsächlich haben Sie natürlich weder jemals meine Homepage besucht, noch wurde die fragliche Leistung erbracht. Trotzdem ist es kein aussichtsloses Unterfangen, wenn ich

hier versuche, an Ihr Geld zu kommen. Zumindest nicht mit der Kraft der Illusion. Zuerst einmal gilt es, das Vorhandene zu nutzen. In diesem Fall ist das die Tatsache, dass die meisten Menschen Angst vor Anwälten und Gerichten haben. Viele geben daher selbst im Fall ihrer Unschuld lieber klein bei, als sich auf einen vermeintlich aussichtslosen Streit einzulassen. Gezielt in die Welt gesetzte Aussagen wie »Vor Gericht und auf hoher See sind wir in Gottes Hand«, verbunden mit den passenden Erfahrungen unterstützen in diesem Fall meinen Machtmissbrauch. Den meisten Opfern ist dadurch von vorneherein klar, dass es Mächte gibt, gegen die man sich nicht auflehnen sollte. Sosehr man auch im Recht ist, Widerspruch würde hier alles nur noch schlimmer machen.

Doch zurück zu unserem Beispiel. Es wäre jetzt natürlich extrem unklug, einfach zu behaupten, Sie hätten auf meiner Internetseite ganz bewusst eine Bestellung abgegeben. Selbst wenn Sie Ihren Namen und Ihre Adresse hinterlassen haben, könnte ich Sie auf diese Weise mit Sicherheit nicht täuschen. Muss ich aber auch gar nicht. Es reicht, wenn ich erkläre, Sie hätten beim Ausfüllen eines anderen Formulars vergessen, die zugegeben etwas versteckte Bestelloption abzuwählen, und damit eine rechtskräftige Bestellung getätigt. Bedauerlicherweise haben diesen Fehler auch schon andere Kunden gemacht, und ich werde daher meinen Internet-Auftritt so schnell wie möglich überarbeiten. Nur dieses Mal müssen Sie, so leid es mir tut, bezahlen. Bestellt ist bestellt.

Wenn die fragliche Seite nun schon lange nicht mehr aufrufbar ist, würden Sie mit Sicherheit behaupten, die Bestelloption gefunden und deaktiviert zu haben? Kaum. Viel eher wird Ihnen einfallen, dass Sie gar nicht darauf geachtet haben. Wer rechnet schließlich auch mit so etwas? Sie werden sich zwar ärgern, aber verstehen, dass ich im Recht bin. Zahlen werden Sie spätestens, wenn Sie meine erste Mahnung inklusive Androhung der Pfändung erhalten. Unterzeichnet selbstverständlich von einem Rechtsanwalt mit Innenstadtadresse. Der so etwas ja wohl nicht ohne Rechtsgrundlage verfasst. Ach ja? Tatsächlich leben einige spezialisierte Internetfirmen gemeinsam mit ihren Anwälten sehr gut von dieser Macht, die ihnen die Kraft der Illusion verleiht. Solange es ihn nämlich nicht selbst betrifft, weiß auch Otto Normalbürger, dass diese Klagen vor keinem Gericht der Welt Bestand haben. Das hat er schon tausendmal gehört, gelesen und gesehen. Liegt aber der anwaltliche Drohbrief im eigenen Briefkasten, sieht die Sache plötzlich ganz anders aus. Dann beginnt die Angst vor dem Szenario: Was aber, wenn … Klar, die Klage hat noch nie funktioniert, aber was würde passieren, wenn ich irgendetwas wirklich übersehen hätte? Wegen möglichen lächerlichen fünfzig oder hundert Euro den Gerichtsvollzieher ins Haus kommen lassen? Was sagen dann die Nachbarn? Danke, nein. Prompt geht das Geld auf dem Konto der Anwaltskanzlei ein.

Auf der gleichen Ebene läuft auch die Drohung von Chefs, Mitarbeiter fristlos zu entlassen, sollten diese nicht umgehend die geforderten unbezahlten Überstunden leisten. Beim Gespräch am Stammtisch weiß jeder, dass so etwas nicht erlaubt ist und weiß Gott welche Konsequenzen hätte. In der direkten Konfrontation mit dem Vorgesetzten aber siegt die Kraft der Illusion. Diese bezieht ihre Stärke vor allem daraus, dass die meisten sehr konkrete Vorstel-

lungen davon besitzen, wie gute und wie böse Menschen zu sein haben.

Stellen Sie sich doch einmal vor, ich erzähle Ihnen, dass der freundliche Bürgermeister, der immer alles so schnell genehmigt, und der nette Amtsrichter die Köpfe eines internationalen Drogenrings sind. Dann stellen Sie sich bitte vor, ich erzähle Ihnen das Gleiche über zwei Osteuropäer, von denen ohnehin niemand so genau weiß, was sie den ganzen Tag über tun. Aber mal ganz ehrlich: Wissen Sie das von einem Bürgermeister oder von einem Richter? Oder halten Sie hier eine Annahme für Tatsachen? Was denken Sie, wenn Ihnen die Kollegin erzählt, der Vorstandsvorsitzende hätte hundert Euro aus der Portokasse gestohlen, behaupte aber, es wäre die ausländische Putzfrau gewesen? Oder können Sie sich einen rasierten, blonden deutschen Geschäftsmann im Nadelstreif vorstellen, der sich nach Dienstschluss einen Bombengürtel umschnallt und sich in einem gut besuchten Lokal mitsamt den Gästen in die Luft sprengt? Passt dazu nicht eher das Bild des schwarzhaarigen, gedrungenen Mannes mit langem Bart?

Ich erinnere mich in diesem Zusammenhang gut an die große Aufregung in Österreich, als sich vor vielen Jahren herausstellte, dass ein lange gesuchter Kinderschänder Akademiker war! Als ob ein Studium irgendetwas mit Kindesmisshandlung zu tun hätte! Und doch hat es dem Mann die Macht gegeben, Kind um Kind zu missbrauchen, ohne dass irgendjemand ihn als Täter verdächtigt und gestoppt hätte.

Viele Dinge, an die wir heute mit Schrecken denken, hätten so nicht passieren können, gäbe es nicht die Kraft der Illusion. Nach den Tatsachen, so sagt ein englisches Sprichwort, kommt die Weisheit sehr leicht. So sahen die Menschen in den Anführern des Nazi-Regimes wohl auch weniger Massenmörder als einen gewählten Reichskanzler und seine Minister. Vieles, das uns heute über diese Zeit und ihre Menschen bekannt ist, hätte man damals vielleicht sehen sollen. Tatsächlich aber war den meisten der Blick auf diese Wahrheiten durch die Kulisse der Illusion verstellt. Der Hauptgrund, warum Illusion so häufig zur Machtergreifung missbraucht wird, ist ihre kalkulierbare Wirkung.

Wem es gelingt, mittels Illusion Angst zu erzeugen, der bekommt kurzfristig Macht. Sieht man aber genauer hin, so erkennt man, dass hinter dieser Technik nichts anderes steht als die altbekannte Androhung von Gewalt. Daher, und das sollte jedem bewusst sein, der sich auf dieses Spiel einlässt, ist die auf diese Art entstehende Macht nicht lange haltbar.

Wie schön am Beispiel mit den Bankdaten am Anfang des Kapitels zu sehen, setzt diese Art der Machtentstehung immer voraus, dass man andere Menschen als Werkzeug für die eigenen Ziele missbrauchen kann. Ohne den Staat, der für Geld seine eigenen Gesetze bricht und CDs mit gestohlenen Daten kauft, käme ich mit Ihnen nie ins Geschäft. Aber solche Partner sind gierig und daher unzuverlässig. Wie das reale Beispiel eines auf diese Art von Machtmissbrauch spezialisierten deutschen Rechtsanwalts zeigt, kann sich die auf diesem Weg erworbene Macht blitzschnell und mit schrecklicher Gewalt gegen einen selbst richten. Diesen Mann, der viele Jahre lang für seine nicht immer rechtskonformen, aber stets sehr teuren Abmahnungen gefürchtet war, schien nichts aufhalten zu können. Er gewann Schlacht um Schlacht. Bis er eines Tages im Siegesrausch die Grenze

überschritt und plötzlich selbst verurteilt wurde. Das Gericht erkannte auf vollzogenen Betrug, und der Jurist sah nur einen Ausweg: Er entzog er sich seiner Strafe durch Selbstmord.

Mag Ihnen die scheinbar mühelose Leichtigkeit, mit der Ihnen die missbräuchliche Verwendung von Illusion zu Macht verhilft, auch noch so verlockend erscheinen: Lassen Sie die Finger davon. Gehen Sie lieber den nachhaltigen Weg. Nutzen Sie, was in den Menschen von Natur aus verankert ist, und verstärken Sie es mit der Kraft der Illusion.

DIE VERFÜHRUNG DES SCHÖNREDENS

Es scheint ein Naturgesetz zu sein, dass Menschen eine ganz starke Abneigung gegen große Veränderungen haben. Sie tun daher alles in ihrer Macht Stehende, um diese unnötig erscheinen zu lassen und in der Folge zu vermeiden. Das hat nichts mit Faulheit zu tun, es ist einfach Teil unseres Wesens. Nicht grundlos wurde aus dem ehemaligen Jäger und Sammler im Lauf der Jahrtausende ein sesshaftes Geschöpf, das sich die Möglichkeit geschaffen hatte, jeden Abend an einen bestimmten Ort zurückzukehren. So liegt es auch heute für die meisten zwar noch im Bereich des Denkbaren, den Lebensmittelpunkt für drei Urlaubswochen an einen anderen Ort zu verlegen. Der Gedanke aber, für immer in ein anderes Land zu übersiedeln, erscheint der Mehrheit so utopisch wie ein Besuch auf dem Mond. Wo es um Veränderungen geht, haben Menschen also von sich aus eine gewisse Trägheit. Sie bleiben an Orten, an denen sie schon lange nicht mehr sein möchten, arbeiten in Unternehmen, die ihnen das Leben zur Hölle machen, und kommen zur allgemeinen Verwunderung nicht einmal von einem alkoholkranken, schlagenden Partner los.

Dieses Verhalten ist so tief in uns verwurzelt, dass wir es nur mit wirklich großer Willenskraft überwinden können. Vielleicht brächten wir diese aber sogar auf, gäbe es da nicht diesen einfacheren, viel bequemeren Weg, den jeder erfahrene Machthaber seinen Untergebenen weist. Anstatt nämlich mühsam Umstände zu verändern, kann man sich diese doch mit viel weniger Energieaufwand einfach schönreden. Das beginnt bei der Aussage, dass es »ja woanders ohnehin nicht besser sei«, und endet bei der resignierten Feststellung, man »könne da wohl ohnehin nichts machen«.

Da auch das Schöndichten eigentlich unhaltbarer Zustände eine Menge Energie kostet, wird ein geschickter Machthaber seine Untergebenen dabei unterstützen. Das geht leicht und wirkt Wunder. Er muss den Menschen nur das sagen, was diese hören möchten.

Achten Sie aber gut darauf, nicht zu übertreiben. Lassen Sie es mich anhand eines Beispiels verdeutlichen. Nehmen wir an, Sie wären Politiker in Regierungsverantwortung und müssten aus Gründen leerer Staatskassen der Bevölkerung eine Steuererhöhung schmackhaft machen. Ich weiß schon, dass niemand gerne höhere Steuern zahlt, aber schließlich möchten Sie sowohl mehr Geld einnehmen als auch wiedergewählt werden. Grundsätzlich können Sie die Erhöhung der Staatseinnahmen auf zwei Wegen erreichen. Der erste führt an hässlichen Worten wie »unvermeidbaren Belastungen«, »Wohl des Staates« und vielem mehr vorbei. Er zielt ganz darauf ab, den Wählern das angeblich Unvermeidliche verständlich zu machen. Ein sinnloses, gefährliches Unter-

fangen. Denn zusätzlich zum fehlenden Geld müssen die Bewohner nun auch noch die Energie aufbringen, sich Worte wie »Belastung« oder »Erhöhung« schönzureden. Das führt zu Unzufriedenheit. Schließlich wäre die einzige Möglichkeit, dieser Maßnahme zu entkommen, die Verlegung des Wohnsitzes, aber die meisten scheuen. Folglich flüchten die Wähler zu jenen, die ihnen zwar auch nicht mehr Geld lassen, dafür aber zumindest das Richtige sagen.

Lassen wir also einmal die hässlichen Worte weg. Wie gefällt es Ihnen, wenn die Regierung ein großes »Sparpaket« schnürt? Halten Sie einmal kurz inne und überlegen Sie, welche Bilder in Ihrem Kopf entstehen. »Sparpaket«: Klingt das nicht gut und gerecht? Stellen Sie nun daneben das Wort »Belastungspaket« und vergleichen Sie die Assoziationen. Welche gefallen Ihnen besser? Na eben. Sie meinen, in Zusammenhang mit einer Steuererhöhung wäre es eine Lüge, von »sparen« zu sprechen? Wie kommen Sie darauf? In Zeiten einer Krise müssen alle sparen. Das weiß und glaubt auch der kleinste Wähler. Es nimmt Ihnen zwar keiner ab, dass Sie sich selbst etwas wegnehmen, aber dass zumindest Ihre Mitarbeiter den Gürtel enger schnallen müssen, das möchte einfach jeder annehmen.

Verstehen Sie, worauf ich hinauswill? Sie geben Ihren Weg vor, und die Herde benutzt ihn ohne Zwang. Ganz abgesehen davon, dass Sie mit der Verwendung des Wortes »Sparpaket« gleich zwei Fliegen auf einen Schlag treffen. Schließlich gibt es gerade in mageren Zeiten genug zu sparen. Vielleicht nicht unbedingt bei Ihnen selbst oder Ihren Freunden und Mitarbeitern, aber was ist mit Sozialleistungen, Beihilfen oder Förderungen? »Sparen in der Krise« klingt, als

ginge diese auch wieder vorbei. Eine »Erhöhung von Abgaben« hingegen erweckt den Eindruck, auf ewig zu bleiben.

»ZUM WOHLE DES VOLKES ...«

Auch in der Werbung, wo Unternehmen Macht über ihre
Kunden erhalten wollen, gehört Illusion zum Standardprogramm. Hier geht man allerdings noch einen Schritt weiter.
Man macht sich zunutze, dass Menschen in der Hauptsache
nur das hören, was sie hören möchten. Den Rest blenden sie
aus. So bekam man zum Beispiel zum Geburtstag eines
großen Elektrounternehmens einen Fernseher geschenkt!
Und das für nur tausend Euro! Dabei war das nur eine von
vielen guten Nachrichten. Haben Sie es noch nicht gehört?
Bis Ende dieses Jahres macht Ihnen Ihre Stadt ein Geschenk, vorausgesetzt, Sie brauchen eine neue Heizung.
Dann teilt sich nämlich die Stadt mit Ihrem Bundesland
die Kosten für eine zehnprozentige Förderung beim Kauf
einer neuen Heizungsanlage! Und das Allerbeste: Die Regierung gibt Ihnen noch einmal fünf Hunderter obendrauf!
In den Köpfen der Bürger geht es auch schon los: »Also, ich
finde das echt großzügig. Da sieht man wieder einmal, wie
viel die da oben für uns tun. Ich möchte niemanden erwischen, der so ein Land um Steuergeld betrügt ...!«
Mich fasziniert dieser Mechanismus jedes Mal aufs Neue.
Allein die Idee, Menschen mit ihrem eigenen Geld zu be-
schenken, ist genial. Erstaunlicherweise fragt sich niemand,
woher die Verteilenden das Geld haben, das sie hier zur
Ausweitung ihrer Macht so großzügig unter das Volk bringen. Das ist aber wohl auch gut so.

*Schließlich ist eine der wichtigsten Voraussetzungen für das
Erhalten von Macht, dass Ihre Untergebenen viel dafür täten, dass genau Sie
in dieser Machtposition bleiben. Sie werden dafür kein besseres
Werkzeug finden als die Kraft der Illusion.*

VON DER EIGENEN VERANTWORTUNG ABLENKEN

Das gleiche Prinzip existiert auch in einer etwas abgewandelten Form, wo sie nicht mehr ganz so leicht zu durchschauen ist. Ich nenne diese Technik das »Sündenbock-Prinzip«. Sie kann überall dort zur Anwendung gelangen, wo sich mehrere Personen oder Institutionen Macht mit unterschiedlichen Zielen untereinander aufteilen. Wendet man sie richtig an, kann jeder das Maximum für sich herausholen, aber keiner muss Angst haben, gestürzt werden. Ein gut gewählter Sündenbock macht nämlich alle Beteiligten unangreifbar.

Lassen Sie mich anhand des oft diskutierten Preises für Treibstoff zeigen, wie dieses Spiel funktioniert. Es spielen mit: die großen Ölkonzerne, deren einziges Ziel ihr maximaler Profit ist, der Finanzminister, der gerade von diesem Profit in vielfacher Hinsicht selbst profitiert, und der Autofahrer, der das Gefühl bekommen soll, die Politiker kümmerten sich um ihn. Letzterer kommt also an die Zapfsäule und sieht dort den horrenden Betrag, den er für den Sprit bezahlen soll. Also verlangt er von der regierenden Partei, die er als seine gewählte Vertretung versteht, etwas dagegen zu tun. Was er bewusst nicht wahrhaben will, ist die Tatsache, dass weder Benzin noch Diesel wirklich das kosten, was er bei der Tankstelle dafür bezahlt. Der tatsächliche Preis liegt etwa um die Hälfte darunter. Was eigentlich gar nicht so teuer wäre. Gäbe es da nicht eben noch diese andere Hälfte. Die aber kassieren gar nicht die gierigen »Öl-Multis«. Vielmehr wandert dieses gezahlte Geld in Form von Steuern, Abgaben und Steuern auf Abgaben in die Taschen des Finanzministers. In Wirklichkeit sind also für den hohen Spritpreis nicht allein die Mineralölkonzerne verantwortlich, sondern auch jene, die ihn mit immer neuen Abgaben in die Höhe treiben.

Nun kann man das natürlich dem Durchschnittsverbraucher nicht sagen. Erstens will er das, wie gesagt, gar nicht wahrhaben. Schließlich könnte genau dieses Wissen einen Bedarf an unerwünschter Veränderung erzeugen. Außerdem aber bestünde in diesem Fall zumindest die geringe Gefahr, dass die herrschende – oder nennen wir sie regierende – Schicht die Macht über das Volk verlöre, sollte dieses wegen der zu großen Abgabenlast rebellieren. Also muss ein Sündenbock her. Hier melden sich freiwillig die Ölfirmen. Da sie nicht befürchten müssen, dass die Menschen plötzlich zu Fuß gehen und daher keinen Treibstoff mehr kaufen – Sie wissen schon, die Veränderung –, haben sie nichts zu verlieren. Der Effekt ist unglaublich: Der Finanzminister, oder wer immer am Ende von den Abgaben profitiert, ist aus der Schusslinie, weil er gemeinsam mit dem Volk gegen die unverschämte Abzocke der Treibstoffhersteller wettert. Die Bevölkerung fühlt sich in dem gemeinsamen Zorn gut vertreten und denkt sich, wenn nicht einmal die da oben etwas gegen das Problem der ständigen Preiserhöhungen tun können, wird da wohl nichts zu machen sein. Der Sündenbock Mineralölindustrie ist glücklich, weil er seitens der Volksvertreter außer öffentlichem Gezeter nichts zu befürchten hat. Und die ganze Regierung

freut sich über die mit dem Spritpreis steigenden fetten, gefahrlosen Zusatzeinnahmen und ihre steigende Beliebtheit bei den Wählern.

DIE HOFFNUNG STIRBT ZULETZT ...

Beim Machtaufbau kann Illusion aber noch um einiges mehr. Man kann zum Beispiel Menschen dadurch lähmen und für lange Zeit unter die eigene Kontrolle bringen, indem man sie auf etwas hoffen lässt. Selbst wenn dem Opfer eigentlich klar ist, dass das Erhoffte nie Wirklichkeit wird, wird es alles unterlassen, was das Eintreten verzögern oder gar verhindern könnte.

Nehmen wir einmal an, ich schulde Ihnen eine Menge Geld, habe aber nicht vor, es Ihnen jemals zurückzugeben. Da Sie auf das Geld angewiesen sind und es nicht verlieren wollen, fragen Sie nach einiger Zeit nach seinem Verbleib. Zuerst freundlich, dann energischer und schließlich mit den üblichen Drohungen von Anwalt und Gericht. Tun Sie das nur! Spätestens jetzt weiß ich nämlich, dass Sie das Geld wirklich brauchen und folglich alles tun und unterlassen werden, was ich Ihnen sage, um es nur nicht zu verlieren. »Verklagen Sie mich ruhig! Ich sage Ihnen nur schon jetzt, dass dabei nichts herauskommen wird. Ich habe nämlich zurzeit überhaupt keinen Besitz. Im Fall einer Klage vor Gericht bekommen Sie nicht nur keinen Cent zurück, Sie bleiben auch noch auf Ihren Kosten sitzen. Ich möchte Ihnen die geforderte Summe ja bezahlen, nur im Moment geht es leider nicht. Mir ist das selbst unangenehm. Sobald ich wieder Einnahmen habe, bekommen auch Sie es sofort! Sie müssen aber handeln, wie Sie glauben, dass es richtig ist.«

Sie sehen, im Moment Ihrer Drohung haben Sie zwar Gewalt, ich aber habe die Macht. Sehr wahrscheinlich würden Sie in dieser Situation meiner Argumentation folgen, denn bevor Sie wirklich nichts bekommen, warten Sie lieber noch etwas. Wann immer Sie mich jetzt nach dem Geld fragen, ist meine Reaktion die gleiche: Ich vertröste Sie auf bessere Zeiten und verweise Sie auf meine rechtliche Möglichkeit, nötigenfalls Privatkonkurs anzumelden.

Worin hier die Illusion liegt? Darin, dass Sie einerseits gar nicht wissen können, ob ich wirklich nichts besitze. Und dass Sie andererseits glauben möchten, Ihr Geld irgendwann zurückzuerhalten, wenn Sie nur lange genug stillhalten. Hier führt übrigens neben dem »Du, warte lieber, wer weiß, ob nicht doch …«-Phänomen vor allem die freundlich vorgelogene Bereitschaft, meine Schulden zu begleichen, zum Ziel.

Wer mächtig sein möchte, muss lernen, die Illusion der Freundlichkeit zu schaffen und aufrechtzuerhalten.

Unangenehmes, aggressives Verhalten erweckt wie Gewalt den Wunsch nach Beseitigung. Einem freundlich auftretenden Menschen verzeihen wir Fehler eher als jemandem, der uns unangenehm entgegentritt. Daher bekommt der gut gelaunte Strahlemann viel eher Macht über uns als der notorische Miesmacher.

Denken Sie einmal an eine Feinkostabteilung im Supermarkt. Sie bestellen dort hundert Gramm von einem Käse. Die freundlich lächelnde Dame hinter der Theke, der wir jetzt den Auftrag unterstellen, möglichst viel zu verkaufen, schneidet zuerst eine Scheibe zu viel ab und fragt dann, ob

es auch ein bisschen mehr sein dürfe? Natürlich, nicken Sie. Gleiche Szene, anderer Verkäufer. Kein »Guten Tag«, kein »Danke«, nur auf dem Kassenetikett erkennen Sie anstelle der verlangten hundert Gramm einhundertundzwölf. Wie reagieren Sie jetzt? Freundlichkeit erzeugt bei den meisten Menschen eine Beißsperre und gibt anderen damit Macht. Wenn jemand höflichst um Verständnis für seinen Fehler bittet, was soll man da auch noch tun?

DIE GEFAHR DER SELBSTTÄUSCHUNG

Vor einem aber möchte ich Sie warnen. Die Kraft der Illusion macht auch vor Ihnen selbst nicht halt. Wenn Sie sich aus Bequemlichkeit selbst belügen, geben Sie anderen dadurch Macht über sich.

Auch wenn es nicht immer einfach ist: Nur weil fünfhundert, tausend oder auch hunderttausend Menschen etwas gut finden, das Ihnen nicht gefällt, müssen Sie noch lange nicht Ihre Meinung ändern und plötzlich von etwas gegen Ihren Willen begeistert sein.

Ein schönes Beispiel für dieses Phänomen habe ich in meinem Beruf als Fotograf erlebt. Vor einiger Zeit wurde das teure Aufnahmemedium Film durch einen digitalen Sensor ersetzt, bei dem vermeintlich keine Kosten pro Bild mehr entstehen. Mit dem Einzug der digitalen Fotografie, so hatte die Industrie den Menschen eingeredet, werde alles billiger. Was im Hobbybereich durchaus richtig ist, verkehrt sich bei der professionellen Fotografie in das Gegenteil. Früher kaufte man Kamera und Aufnahmemedien extra, und dem Kunden war klar, dass er beides gesondert bezahlen musste. Hatte der Fotograf seine Arbeit erledigt, so übergab er die belichteten Filme einem Fotolabor, das sich um die Ausarbeitung der Bilder kümmerte. Natürlich gab es auch hierfür eine Rechnung, die vom Kunden beglichen wurde. Nun kam das ach so billige digitale Aufnahmemedium und mit ihm die Kraft der Illusion.

Wie kann man schließlich besser Macht über einen Markt bekommen als über den Preis? In ihrem Überschwang gaben die Fotografen den vermeintlich durch die neue Technik erworbenen Preisvorteil sofort an die Kunden weiter. Viele waren dabei tatsächlich der Meinung, nun billiger herstellen und daher auch billiger anbieten zu können. Was natürlich nichts als Selbsttäuschung war. Zwar mussten die Fotografen jetzt keine Filme mehr kaufen. Dafür bezahlten sie diese beim Erwerb der Kameras gleich mit, deren Preise sich im Schnitt mehr als verdoppelt hatten. Auch das Labor stellt übrigens keine Rechnungen für die Kunden mehr aus, weil der Fotograf dessen Arbeit nun übernimmt. Weil sie sich lange Zeit selbst über die tatsächlichen Kosten ihrer Arbeit täuschten, um vor sich ihre niedrigen Preise zu rechtfertigen, ließen die Fotografen die Kraft der Illusion gegen sich selbst arbeiten und gaben damit den Kunden eine ungeheure Macht. Als sie den Fehler schließlich erkannten, wären große Veränderungen nötig gewesen, um zu den alten Einnahmen zurückzukehren. Aber da sprachen sie schon lieber von den schwierigen Bedingungen eines veränderten Marktes und redeten sich die Sache schön.

Ihre größte Kraft, so lehrt uns das dritte Siegel, bezieht Macht aus der Tatsache, dass Menschen Veränderungen scheuen. Wer ihnen diese zu vermeiden hilft, den stellen sie bereitwillig und ohne Nachdenken über sich.

DAS SIEGEL IN KÜRZE

- Manipulation durch Illusion ist für den Aufbau stabiler Macht völlig ungeeignet, besonders bei Menschen, die Ihnen vertrauen müssen.

- Mittels Täuschung Angst zu erzeugen bringt Sie an die Schwelle zur Gewalt.

- Menschen fürchten Veränderungen und tun alles, um diese vermeiden zu können. Wer ihnen hilft, sich Umstände schönzureden, dem geben sie bereitwillig Macht über sich.

- Hoffnung auf Veränderung lähmt die Kraft zum Aufbegehren.

- Die Kraft der Illusion macht auch vor Ihnen selbst nicht halt.

BEKOMMT MAN MITTELS ILLUSION MACHT ÜBER SIE?

Folgende Fragen sollen Sie dabei unterstützen, die Kraft der Täuschung zu erkennen.

- ▶ Ist ein Strafverteidiger mächtiger als ein Verkehrsjurist?
- ▶ Ist ein Richter auch außerhalb des Gerichtssaals mächtig?
- ▶ Vor welcher Veränderung haben Sie die größte Angst?
- ▶ Wer bekommt dadurch Macht über Sie?
- ▶ Wo besteht die Gefahr, dass Sie selbst sich etwas schönreden?

Wenn man gewissen Orakelsprüchen
der hinterhältigen Politik glauben darf,
ist vom Standpunkt der Macht aus
ein wenig Aufruhr erwünscht,
denn der Aufruhr stärkt
die Regierungen, die er nicht stürzt.

Victor Hugo

Siegel 4
Erscheine als Retter

In den letzten Kapiteln haben Sie gesehen, wie nahe Macht und ihr Missbrauch beisammenliegen können. Nicht alles, was dem Erlangen von Macht dient, ist daher auch zwingend ein Werkzeug guter Führung. Macht ist eine Gratwanderung, und so bewegen sich viele Techniken in einem Grenzbereich, der besonderes Bewusstsein für die Gefahren und Augenmaß in der Anwendung erfordert. Manche Techniken sind für den seriösen Aufbau von Macht gänzlich unbrauchbar. Kennen sollten Sie sie trotzdem. Nur dann können Sie sich für oder gegen eine Anwendung entscheiden.

DIE HAND, DIE DICH FÜTTERT, BEISST DU NICHT ...

Wenn es der Bevölkerung eines Landes wirtschaftlich schlecht geht, verschieben sich dort in der Regel nach einiger Zeit die Strukturen der Macht. Durch die Unzufriedenheit der Masse, die nicht mehr daran glaubt, dass die öffentlichen Ordnungshüter Politik und Polizei für ihr Überleben sorgen können, nimmt deren Einfluss sehr schnell ab. In das so entstehende Vakuum tritt ein anderes, unglaublich effizientes Machtkonstrukt. Kritiker nennen es das »organisierte Verbrechen«. Tatsächlich handelt es sich um Gruppierungen, die sich nicht um die Wünsche, Anordnungen oder Befehle einer offiziellen Obrigkeit kümmern, sondern ausschließlich nach ihren eigenen Gesetzen leben. Ob sie

nun als »Mafia«, »Camorra« oder unter Tausenden anderen Namen in Osteuropa, Südamerika oder Asien in Erscheinung treten: Dem rechtschaffenen Bürger gelten diese Organisationen zunächst als Inbegriff des Bösen. Kommen aber für die Bevölkerung dann wirklich harte Zeiten, in denen die Staatsmacht augenscheinlich nicht mehr für ihre Schützlinge tun kann, als ihnen noch das letzte Geld aus der Tasche zu ziehen, wandelt sich das Bild schlagartig, und die unerwünschten Gruppierungen bekommen immer mehr Zulauf. Aber woher rührt diese plötzliche Popularität? Werden in Zeiten der Krise plötzlich alle Menschen böse? Oder haben verbrecherische Organisationen wie Mafia und Co etwas zu verschenken? Keineswegs.

Um das Geheimnis dieses plötzlichen Machtzuwachses zu ergründen, reicht es, dieses System einmal ganz unvoreingenommen zu betrachten. Dann offenbart sich nämlich Erstaunliches. Nicht, dass die Mafia in Wirklichkeit ein Kaffeekränzchen oder ein Briefmarkensammlerverein wäre, der nur ein unglückliches Problem mit seinem Ruf hat. Selbstverständlich leben all diese Organisationen von Gewalt. Aber es wird klar, warum die Menschen sie trotzdem akzeptieren. Hält man sich nämlich an ein paar Regeln, so kann man von diesen Gruppierungen durchaus profitieren, ohne selbst etwas Böses zu tun. Ja, die Regeln denken Sie, ich verstehe schon. Aber die gibt es in allen Machtstrukturen. Selbst in sogenannten Demokratien bedienen sich die Machthaber, wo immer nötig, der Gewalt. Beginnend bei der zwangsweisen Eintreibung von Steuern bis hin zur Tötung von Menschen, die tatsächlich oder auch nur vermeintlich eines Verbrechens überführt wurden. Einzig, dort spricht das niemand offen aus.

Lassen wir einmal die Betroffenen selbst erklären, warum sie Menschen auf der – sagen wir einmal – anderen Seite des Gesetzes unterstützen. »Natürlich weiß ich, dass Mafiosi Verbrecher sind«, bekommen wir dann zu hören. »Aber sie geben mir wenigstens Arbeit, von der ich meine Familie ernähren kann.« Das Syndikat erscheint als Retter. Wie weit diese Art von Macht gehen kann, zeigt das Beispiel Kolumbien. Dort entwickelte sich die Drogenmafia im Lauf der Zeit zu einer derart eingesessenen Institution, dass der Versuch der Regierung, sie zu beseitigen, in einem bis heute anhaltenden Blutbad endete. Plötzlich kämpften dort unbescholtene Bauern auf Seiten der Kokainkartelle. »Solange die Drogenmafia noch an der Macht war«, erzählte mir einmal ein Familienvater aus Bogotá, »hat sie Kokain verkauft. Da aber jeder erwachsene Mensch selbst entscheiden kann, ob er das nehmen möchte, und sie ja niemanden zum Drogenkonsum zwingen, war mir das eigentlich egal. Schließlich hatten wir Vorteile. Den Drogenbossen war klar, dass sie auf die Akzeptanz der Bevölkerung angewiesen waren, wenn sie ungestört arbeiten wollten. Also haben sie Schulen gebaut, Straßen repariert und dafür gesorgt, dass die Menschen Arbeit haben. Jeder war zufrieden. Bis eines Tages die USA ihren ›Kampf gegen Drogen‹ nach Kolumbien ausgedehnt haben. Unsere Regierung bekam also Geld, um gegen die Drogenproduktion vorzugehen. Nicht aber für Schulen, Straßenbau oder Arbeit. Daran hatte niemand gedacht. Alle hatten gemeint, wir wären alle froh, endlich von diesen Kokainproduzenten befreit zu werden. Es war ein großer Fehler, die Macht der Drogenkartelle so zu unterschätzen. Gerade die Armen haben nicht verstanden, dass ihnen nun auch dieses letzte bisschen

Lebensstandard gewaltsam weggenommen werden sollte. Ihnen hatte die Mafia nichts getan. In dem nun fast zwangsläufig folgenden Bürgerkrieg kämpften sie für jene, die ihnen ein menschenwürdiges Leben ermöglicht hatten.« In diesem Zusammenhang verwundert es auch nicht, dass der kolumbianische Massenmörder und Drogenpate Pablo Escobar bis heute von den unteren Gesellschaftsschichten als moderner Robin Hood verehrt wird.

Natürlich sind Sie sehr wahrscheinlich weder Boss eines Drogenkartells noch Pate der örtlichen Mafia. Genauso wenig, wie ich ein Freund von Drogen bin. Das ändert aber nichts an dem hinter diesen Vorgängen stehenden Prinzip, und es lohnt sich, dieses zu verstehen und nutzen zu lernen.

*»Die Hand, die dich füttert«, sagt ein altes Sprichwort, »die beißt du nicht.«
Gib anderen Menschen das Gefühl, emotional oder finanziell von dir abhängig
zu sein, und du erhältst Macht über sie.*

So war es lange Zeit einfach unvorstellbar, über den Chef eines Unternehmens auch nur ein einziges kritisches Wort zu verlieren. Über ihn, der mit seinem Geld Frau und Kinder des Angestellten erhielt! Dass dieser Bezahlung eine Leistung von zweihundert Stunden Arbeit und mehr im Monat entgegenstand, wurde geflissentlich verschwiegen. Wenn nun dieses Firmenoberhaupt eine Entscheidung fällte, erkannten alle diese als gut und richtig. Sie konnte gar nicht so offensichtlich dumm und falsch sein, dass nicht das Gros der Angestellten einen tieferen Sinn und eine große Weisheit ihres Vorgesetzten in ihr gesehen hätte. Diese Begeisterung war so verinnerlicht, dass viele später in ähnlichen Situationen ohne nachzudenken genauso falsch entschieden haben, wie es ihr großes Vorbild getan hätte.

Um die »Rettertechnik« wirkungsvoll anzuwenden, müssen Sie keineswegs selbst von Ihrer Unfehlbarkeit überzeugt sein. Es reicht, wenn Sie sich glaubhaft über andere stellen und diese dazu bringen, sogar offensichtliche Fehlleistungen als Teil einer »größeren Gesamtstrategie« zu bewundern. So wird beim Fußballspielen aus dem Fehlschuss auf das Tor plötzlich eine »vorbereitende Zermürbungstaktik«, oder der vom Publikum bei einem Fehler ertappte Vortragende wollte nur die Aufmerksamkeit der Zuhörer überprüfen. Ein alter Trick, sagen Sie, auf den Sie schon lange nicht mehr hereinfallen? Auch dann nicht, wenn der Vortragende vor der gesamten Zuhörerschaft dankend Ihr Wissen lobt und dies mit einem kleinen Applaus unterstreicht? Durch so eine Geste ist auch der Kritischste geschmeichelt und gibt dem Redner die gewünschte Macht.

ERKENNE DIE »RETTERWERKZEUGE« DES STAATES

Selbstverständlich lässt sich diese Technik einsetzen, um gezielt Macht aufzubauen. Solange niemandem dadurch ein Schaden entsteht, ist dagegen auch nichts einzuwenden. Menschen wollen schließlich an etwas glauben. Ganz gut, wenn auch nicht wirklich richtig, verwendet diese Technik der ungekrönte König dieser Disziplin: der Staat.

Häufig diskutiere ich mit Bekannten die Frage, warum zwar Polizisten sich zu ihrer Verteidigung bewaffnen dürfen, es aber gleichzeitig dem Normalbürger verboten ist. Meistens kommt hier das lachend vorgebrachte Argument,

dass sich ja in diesem Fall die Menschen selbst ausrotten würden! Das ist natürlich Unsinn. Erstens dürften dann auch die USA und einige andere Staaten nicht mehr existieren, wo jeder Erwachsene das Recht hat, eine Waffe zu tragen. Auch benötigt man für einen Mord nicht unbedingt eine Schusswaffe, selbst wenn es mit dieser leichter geht. Und hätten zweitens Schusswaffen gleichsam automatisch das Töten zur Konsequenz, dürfte man auch keinem Polizisten eine geben. Wie die Erfahrung zeigt, sind auch diese nur Menschen mit einem durchschnittlichen Gewaltpotenzial. In dieser Argumentation kann das Waffenverbot für Zivilisten also nicht seinen wirklichen Grund haben. Schauen wir also weiter. Und schon ist ganz deutlich zu sehen, worum es geht.

Der »Staat« setzt nämlich alles daran, für jene, über die er Macht ausüben möchte, die einzig mögliche rettende Instanz zu sein. Daher beanspruchen seine Vertreter für sich etwas, das sie als »Gewaltmonopol« bezeichnen.

Niemand soll sich selbst helfen können, alle sollen vom »Staat« abhängig sein. Nun existiert so etwas wie ein Staat höchstens in den Köpfen vieler Menschen, nicht aber in der Realität eines Notfalls. Folglich kann »der Staat« dort, wo es darauf ankommt, auch niemandem zu Hilfe kommen. Also übernimmt, natürlich in seinem Auftrag, die Polizei die Aufgabe, die wehrlosen Bürger zu verteidigen.
Fassen wir unsere Erkenntnisse einmal zusammen. Anstatt mich im Fall eines lebensbedrohlichen Überfalles sofort selbst zur Wehr setzen zu dürfen, muss ich zuerst einmal den Mächtigen um Hilfe bitten und anschließend auf das Eintreffen der Helfer warten. Falls diese rechtzeitig ein-

treffen, kann ich in tiefster Dankbarkeit erkennen, dass ich ohne diesen meinen Retter nichts, aber auch wirklich gar nichts bin. Verstehen Sie mich jetzt bitte nicht falsch. Es geht nicht um die Notwendigkeit oder Berechtigung einer Polizei. Viele Menschen wären ohne sie tatsächlich wehrlos. Ich möchte nur zeigen, dass auch in einer vermeintlich freien Gesellschaft dem Einzelnen ganz bewusst von oben die Möglichkeit zur Verteidigung genommen wird.

Den Machtausübenden bringt dieses Konzept eine Reihe von Vorteilen. Zum einen ist der Einzelne jetzt wirklich wehrlos – sowohl gegen Übergriffe seiner Mitbürger als auch gegen solche durch staatliche Organe. Wir könnten jetzt gerne darüber diskutieren, dass die Aufgabe der »Staatsmacht« alleine der Schutz des Volkes ist. Werfen wir aber einen kurzen Blick in die jüngere Geschichte, zeigt sich, dass ihre Vertreter sehr oft im Auftrag der Mächtigen das Gegenteil getan haben, nämlich unbotmäßige Bürger misshandelt. Gleichzeitig festigt dieses Verbot die Machtposition des Staates oder zumindest seiner Organe. Sollte nämlich jemand auf die Idee kommen, sich mit dieser Wehrlosigkeit nicht abzufinden und sich ohne weitere böse Absicht zu seiner eigenen Verteidigung zu bewaffnen, dann nutzen die Oberen einfach das Vorhandene. Menschen hassen Abweichler so sehr, dass eine einmal in Rage gebrachte Menge für keine rationalen Argumente mehr zugänglich ist. Die Arbeit der Ordnungshüter würde im schlimmsten Fall eine aufgebrachte Meute erledigen. Drittens aber, und das ist wohl das Wichtigste, erscheint durch diese Hilflosigkeit gerade dem kleinen Mann der Staat als übermächtiger, gegen alles zu verteidigender Retter.

Der hier aufgezeigte Mechanismus funktioniert natürlich

auch in jedem beliebigen anderen Umfeld. Schauen wir einmal zu den Religionen. Nirgendwo nämlich liegen Problem und Lösung so eng beisammen wie hier. Ohne jemandem zu nahe treten zu wollen: Echte Kenntnis über die Vorgänge nach dem Tod hat kein auf dieser Erde verweilender Mensch. Die berühmten jenseitigen Bestrafungen für Missverhalten in diesem Leben werden aber von den Anführern vieler Glaubensgemeinschaften nicht als Möglichkeit, sondern als unabänderliche Tatsache dargestellt. Neben dem Standardprogramm Hölle, das in fast allen Glaubensrichtungen vertreten ist, gibt es noch viele andere schreckliche Möglichkeiten, sein Dasein im Jenseits zu fristen. Gut, dass Abhilfe nicht weit ist. Wer einfach tut, was der Guru befiehlt, ist gerettet.

Dass die Anweisungen der Oberen nicht nur bei den Kreuzzügen bis hin zum Massenmord befolgt wurden, zeigt, wie gefährlich missbrauchte Macht werden kann.

Selbstredend gelingt diese Art von Machtaufbau noch einfacher, wenn die Betroffenen sie unterstützen. Der für diese Technik ideale Untergebene hat entweder nicht die geistige Kapazität oder, naturgemäß viel häufiger, nicht das Interesse, nachzudenken.

Wie Sie noch sehen werden, sind solche kritiklosen Mitstreiter nicht das Beste, sondern das Schlimmste, das einem Machthaber passieren kann. Aber es gibt sie nun einmal, und daher ist es unerlässlich, zu verstehen, wie sie denken.

SETZE AUF BEQUEMLICHKEIT

Die meisten Menschen sind so lange bereit, etwas zu überdenken und es auch gegebenenfalls als unbrauchbar zu erkennen, wie sie infolge dieser Erkenntnis nichts verändern müssen. Anderenfalls heben sie selbst den Teufel in den Himmel.

Stellen Sie sich nur einmal vor, dass durch die Explosion einer Bohrinsel nicht nur einige Konzernmitarbeiter, sondern in weiterer Konsequenz auch Hunderttausende Tiere und Pflanzen verenden. Doch nicht nur das. Ganze Landstriche werden verwüstet, und das Ökosystem einer riesigen Region droht mit unabschätzbaren Folgen zu kippen. Eine Naturkatastrophe solchen Ausmaßes betrifft am Ende natürlich jeden von uns, egal wo er gerade lebt – auch wenn das leider nicht sofort für alle ersichtlich ist. Ein unvoreingenommener Beobachter erwartet also einen Aufstand gegen den Verursacher dieser Katastrophe. Er sieht einen Machtkampf, bei dem der rücksichtslose Konzern gegen den Rest der Welt um sein Überleben kämpft. Vor seinem geistigen Auge erkennt er Sonderangebote an den Zapfsäulen, besonders freundliches Bedienpersonal, das mit allen Mitteln um die Gunst jedes einzelnen Käufers buhlt, und einen Konzernchef, wie er auf Knien der ganzen Welt jede Wiedergutmachung verspricht, wenn diese nur endlich seine leeren Tankstellen wieder frequentiert.

Wer dieses Bild vor sich hat, missversteht die Gesetze der Macht. Der Konzern ist zu seiner Größe gekommen, weil er seine Untergebenen kennt. Er kann also mit der entspannten Ruhe des Wissenden zusehen, was passiert. Zuerst kommt das Entsetzen. Die Kunden verurteilen lautstark und aus tiefstem Herzen, was hier passiert ist, und schwören, nie, aber auch nie wieder bei einer Filiale des Ölmultis zu tanken. Gemeinsam, so beschließen sie, werden sie den mächtigen Gegner in die Knie zu zwingen. Dann kommt

Phase zwei. Der Vorsatz hält an, bis bei der nächsten Tank-
fahrt das Logo des Umweltsünders auf der richtigen Stra-
ßenseite aufleuchtet. Ein kurzer Blick zu den Zapfsäulen
offenbart, dass auch andere Mitstreiter ihren Schwur gebro-
chen haben. »So schlimm«, meint nun der Durchschnittsmensch, »wird die Katastrophe schon nicht sein. Sonst
würde man denen doch das Bohren komplett verbieten!«
Denkt es, tankt und gibt dem Konzern noch mehr Macht.

SCHAFFE VERTRAUEN UND BIETE SICHERHEIT

Neben Bequemlichkeit gibt es noch einen anderen wichtigen Grund, warum Menschen sich so bereitwillig Machtstrukturen unterordnen: Das Ertragen von Macht gibt vielen ein Gefühl der Sicherheit.

*»Freiheit bedeutet Verantwortlichkeit; das ist der Grund,
warum die meisten Menschen sich vor ihr fürchten.«
George Bernhard Shaw*

Das geht so weit, dass sie selbst fragwürdigste Methoden
der Machterhaltung verteidigen und unterstützen, selbst
wenn es die Machthaber ganz offensichtlich nicht gut mit
ihnen meinen. Warum sonst kann man die Befürworter
von Videoüberwachung durch nichts davon überzeugen,
dass diese, wie schon der Name sagt, lediglich der Überwachung und nicht der Sicherheit dient? Wieso sonst höre
und lese ich so oft, dass »Überwachung nicht weh tut,
Terror aber schon«? Tief drinnen weiß jeder, dass durch
die Verknüpfung von Schulleistungen, Krankenbefunden,
Einkaufsverhalten und Bewegungsprofilen mit dem Surf-

verhalten und dem Inhalt privater E-Mails unbescholtener Privatpersonen durch eine staatliche Obrigkeit nicht einmal ein Überfall in der U-Bahn verhindert werden kann, geschweige denn ein Terroranschlag. Doch dieses Argument lassen die meisten genauso wenig gelten wie die Möglichkeit des Missbrauchs der Daten. »Ich habe nichts zu verbergen«, heißt es dann. »Wenn es für meine Sicherheit notwendig ist, dann können die mich rund um die Uhr überwachen. Die da oben werden ja hoffentlich wohl wissen, was sie tun!«

Sehen Sie, wie hier Machtaufbau ganz von alleine funktioniert? Die Bevölkerung bittet die Oberen förmlich um ständige Überwachung. Und wer Privatsphäre einfordert, so die logische Folgerung des einfachen Geistes, hat etwas zu verbergen und wird damit automatisch zum Außenseiter. Wer will schon etwas mit potenziellen Terroristen zu tun haben?

Im ersten Kapitel habe ich Ihnen erzählt, dass Menschen Herdentiere sind und dadurch von Natur aus das unbedingte Bedürfnis haben, einem Anführer zu folgen. Grundsätzlich kommt als solcher jeder in Frage, den die Herde als kompetent akzeptiert.

Die besten Chancen auf einen Führerposten hat aber derjenige, von dem die Menschen glauben, dass er ihnen die Verantwortung für ihr Handeln abnehmen kann.

In der Theorie weiß natürlich jeder, dass das unmöglich ist. Zwar können uns andere bei einer Entscheidung unterstützen, die Verantwortung für unser Handeln bleibt aber immer bei uns. In der Praxis wollen viele genau das nicht

wahrhaben und der »Verantwortung Übernehmende« wird Teil ihrer persönlichen Realität. Dem so Auserwählten geben sie ohne irgendeinen äußeren Zwang uneingeschränkte Macht über ihr Leben.

Nehmen wir zum Beispiel an, Sie haben Schmerzen im Hals. Ein Freund sagt Ihnen, dass auch er sowohl diese Schmerzen als auch sonst die exakt gleichen Symptome gehabt hätte, diese aber nach ein paar Tagen verschwunden seien. Sie sollen also einfach warten. Leider erachten Sie den Freund nicht für kompetent genug, die Verantwortung für Ihre Entscheidung zu übernehmen. Also suchen Sie einen Arzt auf. Dieser schaut kurz in Ihren Rachen und schickt Sie dann ohne weitere Behandlung nach Hause. Es handle sich, so meint er, um eine harmlose Entzündung, die bald wieder vorbei sei. Selbst wenn sich nun die angeblich so harmlose Entzündung ganz im Gegensatz zur Aussage des Arztes im Lauf der nächsten Tage zu einer entsetzlichen Krankheit entwickelt, werden Sie das wunderbare Gefühl haben, getan zu haben, was Sie tun konnten. Schließlich haben sie die Anweisung eines Mediziners befolgt. So weit, so gut.

Durchdenken Sie aber jetzt die gleiche Situation ein zweites Mal. Machen Sie einzig den kleinen Unterschied, dass Sie diesmal nicht zum Arzt gehen, sondern nur auf den Freund hören. Sie tun nichts, und der Krankheitsverlauf ist fatal. Wie geht es Ihnen jetzt? Selbst wenn Ihnen der Doktor eine noch so falsche Auskunft gegeben hätte: Allein die Tatsache, die verheerende Entscheidung, nichts zu tun und einfach zu warten, selbst getroffen zu haben, würde Sie noch lange verfolgen.

Gerade die »Götter in Weiß« zeigen uns schön, wie man

sich ganz bewusst als Retter inszenieren kann. Als vor einiger Zeit ein guter Bekannter einen unangenehmen Schmerz im Bereich des unteren Rückens bemerkte, suchte er umgehend einen Arzt auf. Nach kurzer Zeit verkündete dieser die erschreckende Diagnose: »Schwere Lumbalgie.« Mein Freund war hilflos und gleichzeitig froh, bei einem so guten Arzt zu sein. Ohne dessen kompetente Hilfe, so meinte er, hätte er sich bei dieser Diagnose nicht mehr zu helfen gewusst. Wie diese schon klinge! Nicht nur, dass der Doktor sein Problem so schnell erkannt hatte, er versprach auch, ihn zu heilen. Vielleicht sogar ohne wirkliche Absicht hatte der Doktor ein Problem geschaffen und sich dann sehr geschickt als Retter inszeniert. Denn das Wort Lumbalgie kommt aus dem Lateinischen und bedeutet: Schmerz im unteren Bereich des Rückens.

DER MACHTMISSBRAUCH DER »RETTERTECHNIK«

Wo Menschen zu anderen aufschauen, funktioniert Machtaufbau, wie gesagt, ganz von alleine. Dort erhält Macht, wer anderen das Gefühl gibt, die Verantwortung für ihr Handeln zu übernehmen. Sobald das einmal gelungen ist, kann man Menschen in einem erschreckenden Ausmaß unter seine Kontrolle bringen.

Die ganze Dimension offenbart diese Technik in jenen Ländern, in denen Vertreter des Staates bis heute die Todesstrafe vollstrecken. Grundsätzlich stehen hier die Mächtigen, die diese Tat anordnen, nämlich vor einem veritablen Problem: Wer als Henker einem anderen Menschen vorsätzlich das Leben nimmt, ist rechtlich und moralisch gesehen ein Mörder. Und das will natürlich niemand sein.

Man könnte jetzt versuchen, einen Menschen mit Gewalt dazu zu bringen, auf eigene Verantwortung einen anderen zu töten. Aber erstens wäre dazu ein fast unleistbarer Aufwand nötig, und zweitens wäre man sehr wahrscheinlich bald selbst das Opfer. Greifen wir also lieber zurück auf Vorhandenes.

Entgegen einer weitverbreiteten Meinung ist dem Menschen die Hemmung zu töten nämlich keineswegs angeboren. Wäre sie ein Gesetz der Natur, dürfte es weder Kannibalen noch Fleischesser geben. Der tatsächliche Grund, warum es den meisten ein Problem bereitet, einem anderen das Leben zu nehmen, liegt im Kopf. Aus diesem könnte man es recht einfach entfernen. Den »Tötungsverweigerer« hat eine Obrigkeit in der Kindheit gelehrt, dass man zwar Tiere töten darf, Menschen jedoch nicht. Gleichzeitig hat sie für diese Aussage, die ein Kind natürlich nicht überprüfen kann, auch die Verantwortung übernommen. Um diese Fehlinformation zu korrigieren, muss nun eine neue Obrigkeit her. In unserem Fall übernimmt diese Rolle ein Richter. Um das Gewissen des Henkers zu entlasten, gaukelt er diesem vor, er übernähme die Verantwortung für dessen Tun, und erklärt ihm, dass man sehr wohl Menschen töten dürfe, wenn es nur von der richtigen Stelle angeordnet würde. In den meisten Ländern geschieht dies mittels einer als »Death Warrant« bezeichneten Übernahmegarantie. Sie bevollmächtigt den Henker, die Hinrichtung im Auftrag des Staates durchzuführen, und beschützt ihn dadurch nicht nur vor strafrechtlicher Verfolgung, sondern auch vor seinem Gewissen.

Der britische und einst meistbeschäftigte Henker seines Landes, Albert Pierrepoint, erläuterte diese Verwandlung

einmal so: »Es ist nicht Albert Pierrepoint, der in die Todes-
zelle hineingeht, sondern nur das Werkzeug des Staates.
Ich lasse alle persönlichen Gefühle und Empfindungen
draußen vor der Tür. Es interessiert mich auch nicht, was
der Verurteilte getan hat oder wer er vorher war.« Mit dem
»Death Warrant« in Händen wandelt sich selbst ein Scharf-
richter vom asozialen Mörder zum angesehenen Diener der
Gerichtsbarkeit, der mit Stolz und Hingabe seinem Staat
dient. Erstaunlich, oder?

Vergessen Sie bei der Begeisterung aber nicht, wie nahe auch
Sie diese Technik an das tödliche Minenfeld der Gewalt
führt. Mao Tse-tung hatte zum Beispiel seinen prügelnden
und mordenden Roten Garden so viel Verantwortung abge-
nommen, dass er selbst die Kontrolle verlor. Aber selbst,
wenn das alles gutgeht: Einem einzigen Menschen wird
niemand die Verantwortung für seine Entscheidungen abnehmen – Ihnen selbst.

*Das vierte Siegel lehrt uns, dass Menschen sich dem unterwerfen, den sie als
Retter sehen. Es gibt nur wenige Wege, so effektiv an Macht zu kommen, wie die
Probleme, die du selbst schaffst, demonstrativ zur Zufriedenheit aller zu lösen.*

DAS SIEGEL IN KÜRZE

- Nicht alles, was das Erlangen von Macht ermöglicht, ist auch ein Werkzeug guter Führung.

- Wer Probleme löst, bekommt Macht über jene, denen er vermeintlich hilft – auch wenn er die Probleme selbst geschaffen hat.

- Menschen unterwerfen sich einer Obrigkeit, weil ihnen das ein Gefühl von Sicherheit gibt.

- Wer anderen das Gefühl gibt, die Verantwortung für ihre Entscheidungen zu übernehmen, bekommt Macht über sie.

GLAUBEN SIE AN »GESETZ UND ORDNUNG«?

Die Beschäftigung mit folgenden Fragen soll Ihnen helfen, Grenzen und Gefahren der »Rettertechnik« zu verstehen.

- ▶ Wer erscheint Ihnen als Retter?

- ▶ Was bezweckt er damit?

- ▶ Wem erscheinen Sie als Retter? Und was wollen Sie damit erreichen?

- ▶ Wem verleiht ein »liebender Gott« Macht?

- ▶ Wann endet die durch »Rettertechnik« erhaltene Macht?

Teil 2

Das Erlangen von Macht

Das wirkliche
Geheimnis von Macht
ist das Bewusstsein von Macht.

Charles F. Haanel

*Der kluge Kämpfer achtet auf
die Wirkung der kombinierten Energie
und verlangt nicht zu viel vom
Einzelnen. Er zieht individuelle Talente
in Rechnung und benutzt jeden Mann,
seinen Fähigkeiten entsprechend.*

Sun Tse

Siegel 5
Erkenne jedes Potenzial

Macht verändert das Leben

Im Lauf der letzten vier Siegel haben Sie gesehen, wie Macht entsteht. Sie haben gesehen, dass die Voraussetzungen dafür, von anderen geführt zu werden, schon von Natur aus im Menschen vorhanden sind. Zudem habe ich Ihnen gezeigt, dass Macht sehr häufig ganz von selbst entsteht.

Die Aufgabe einer Führungsperson besteht also weniger darin, Machtverhältnisse neu zu schaffen, als vorhandene in die richtigen Bahnen zu lenken.

Es ist jetzt an der Zeit, dass Sie beginnen, dieses Wissen zu nutzen und selbst Macht zu erlangen. Sind Sie dazu bereit? Dann gestatten Sie mir bitte drei Fragen, und lesen Sie in Ihrem eigenen Interesse erst weiter, wenn Sie diese für sich ehrlich beantwortet haben:
Was bedeutet es für Sie persönlich, Macht zu haben?
Was wollen Sie damit tun?
Sind Sie auch innerlich dazu bereit, mächtig zu sein mit allen Konsequenzen?
Macht, so habe ich in der Einleitung geschrieben, ist ausschließlich für Erwachsene und kein Spielzeug. Sobald Sie also eine Machtposition besitzen, wird sie zu Ihrem ständigen Begleiter und Sie können sie nicht einfach zu-

rückgeben, wenn Sie Ihnen über den Kopf gewachsen ist. Ganz im Gegenteil: Entsteht Ihre Macht nicht durch ein Amt, als dessen Inhaber Sie immer austauschbar sind, wird Sie diese bis an Ihr Lebensende begleiten.

Das bedeutet aber umgekehrt keineswegs, dass Sie auf ewig mächtig bleiben. Missbrauchen Sie Ihre Macht, kann sich diese mit erschreckender Brutalität gegen Sie selbst wenden und Sie am Ende vernichten. Beispiele dazu finden Sie in jedem Geschichtsbuch. Versuchen Sie in einem Augenblick des Zweifels, Ihre Macht mit Gewalt festzuhalten, wird Ihnen diese entgleiten wie ein Stück nasser Seife, die aus der Faust rutscht. Ich möchte Sie jetzt nicht verunsichern. Sie sollen nur die Wahrheit kennen.

Sobald Sie einmal oben stehen und echte Macht besitzen, ändert das Ihr ganzes Leben. Nichts bleibt, wie es war.

Man sieht das ganz hervorragend bei Politikern, gewählten Vorständen, aber auch bei erfolgreichen Musikern. Oft werden diese über Nacht an eine völlig ungewohnte Machtposition katapultiert. Manche zerbrechen bereits in dieser Phase. Syd Barett, Mitbegründer von Pink Floyd, hielt dem Druck des internationalen Durchbruchs der Gruppe nicht stand. Als er plötzlich mit der emotionalen Macht von über einer Million Fans umgehen sollte, flüchtete er in die Scheinwelt der Drogen und verbrachte den Rest seines Lebens auf der ständigen Flucht vor seiner eigenen Macht.

Auch für Sie selbst wird es Veränderungen geben, sobald Sie sich in eine verantwortungsvolle Führungsposition begeben. Sie werden es daran erkennen, dass Ihre Worte und

Handlungen plötzlich ein völlig neues Gewicht bekommen. Wenn Sie ohne besondere Machtposition ein Schriftstück unterzeichnen, leisten Sie eine Unterschrift. Tun Sie es als Mächtiger, geben Sie ein wertvolles Autogramm. Sagen Sie etwas Unbedachtes, denken die anderen: »Lass ihn nur reden!« Als Machtinhaber hat jede Aussage Konsequenzen. Ordnen Sie in Ihrer Führungsposition etwas an, dann passiert das auch genau so.

SICH DER WIRKUNG SEINER POSITION BEWUSST SEIN

Im alten Istanbul gab es einen Sultan, der sich in einem Anfall von Zorn sehr über die seiner Ansicht nach mangelnde Qualität seiner Haremsdamen beschwerte. Als er schließlich eines Tages sagte: »Lasst sie verschwinden!«, war dieser Wunsch den Untergebenen Befehl. Pflichtbewusst ertränkten die Wächter seine Gespielinnen im Bosporus und ersetzten sie durch neue. Sie sehen: Es ist nicht egal, wer etwas sagt.

Jede Anwendung von Macht zieht Konsequenzen nach sich.

Wenn Sie hier nicht besonders achtsam sind, werden diese sehr schnell zur verhassten Gewalt. Diese muss nicht einmal immer körperlich sein. Allein die Tatsache, dass Sie zum Beispiel auf einer Bühne im Wortsinn über einer Gruppe stehen, gibt Ihnen die Möglichkeit, andere ungewollt zu verletzen. Ein grobes Wort, das ein gereizter Vortragender in sein Publikum ruft – ja, Sie meine ich, die Dame mit der roten Bluse –, wirkt lange nach. Auch dass eine scherzhafte Rüge des Vorstandsvorsitzenden eine

andere Wirkung auf den Betroffenen hat als die rüde Ermahnung eines Kollegen, ist Ihnen sehr wahrscheinlich bewusst.

Wer die Fähigkeit hat, andere Menschen zu beeinflussen,
muss sich das ständig bewusst machen und darf seine Wirkung
niemals unterschätzen.

Wirklich niemals. Sonst wird seine Fähigkeit zur tödlichen Waffe, und er erleidet ein ähnliches Schicksal wie das Oberhaupt eines osteuropäischen Landes. Es hatte den Piloten der Präsidentenmaschine offensichtlich allein durch seine Anwesenheit im Cockpit derart unter Druck gesetzt, trotz ausdrücklicher Warnungen der Flugkontrolle, im Nebel zu landen, dass diese es gegen sein besseres Wissen versuchte. Polens Präsident Lech Kaczynski, der Pilot und vierundneunzig weitere Insassen bezahlten diese stille Ausübung von Macht mit dem Leben.

Wer erfolgreich Kontrolle über andere Wesen bekommen will,
muss sie zuerst über sich selbst haben. Ein nachhaltig mächtiger Mensch kennt
sein Potenzial zu siegen genauso wie seine Möglichkeiten zu verlieren.
Er ist sich beidem in jeder Sekunde bewusst.

Nun hat Macht immer zwei Seiten. Zum einen gibt es jemanden, der sie ausübt, in unserem Fall Sie. Zum anderen gibt es diejenigen, die Sie als Machthaber akzeptieren. Da diese üblicherweise in der Überzahl sind, erscheint eine Frage durchaus lohnend: Was erwarten sich Menschen eigentlich von demjenigen, dem sie sich freiwillig unterordnen?

Betrachtet man Personen, die erfolgreich an der Spitze stehen, so scheint sie vor allem eine gewisse innere Ruhe zu verbinden. Das ist insofern eine logische Voraussetzung, als man ja nicht zuletzt deshalb in eine Führungsposition gehoben wird, weil andere einem zutrauen, auch in schwierigen Situationen die Übersicht zu behalten. (Sie wissen schon: Macht schafft ein Gefühl von Sicherheit.) Denn gerade hier wären unkontrollierte Emotionen selbstredend kontraproduktiv. Haben Sie schon einmal beobachtet, mit welch stoischer Ruhe amerikanische Präsidenten Vergeltungsschläge mit voraussichtlich mehreren tausend Toten ankündigen? Da ist keine Spur von Rache oder Hass erkennbar. Da kommt, so meint man, was eben kommen muss. »Wenn du auch die Kraft hast, einen Berg zu versetzen«, sagt man in China, »so brauchst du noch einen Verstand, der so groß und ruhig ist wie ein Ozean.«

Ruhe ist Macht, Zorn hingegen Gewalt.

Wer mit Schaum vor dem Mund laut drohend durch die Gegend läuft, erscheint nur sich selbst mächtig. Allen anderen erscheint er lächerlich und krank.
Umgekehrt bedeutet die Notwendigkeit innerer Ruhe nicht, dass Emotionen beim Aufbau von Macht fehl am Platz sind. Ganz im Gegenteil: Richtig eingesetzt, können sie wahre Wunder bewirken. Emotionen, das macht sie so gefährlich, überlagern den Verstand und bringen Menschen dazu, wider ihr besseres Wissen zu handeln. Wer emotionalisiert ist, der ist keinem rationalen Argument zugänglich. Eines der stärksten Werkzeuge, das eine Führungskraft einsetzen kann, ist daher die Fähigkeit, andere zu

begeistern. Viele, die das Potenzial dieser Emotion nicht erkennen, setzen auf Überzeugung. Das reicht aber nicht.
Menschenmassen jubeln vor Begeisterung und nicht vor
Überzeugung. Argumentation ist immer mit großem Aufwand verbunden und kann mit einem plausiblen Gegen-
argument sehr schnell ins Wanken gebracht werden. Echte
Euphorie ist gegen solche Angriffe immun. Menschen wollen weder überzeugt noch überredet werden. Sie sind auf
der Suche nach genau der Freude, die ihnen ein begeistern-
der Machthaber gibt.

Jeder, der es wirklich möchte, hat grundsätzlich auch das
Potenzial, in eine Machtposition zu kommen und dort zu
bleiben – selbst wenn die meisten das vehement bestreiten.
Wie viele unserer Fähigkeiten hat auch diese nämlich einen
kleinen Fehler: Etwas zu können alleine reicht nicht. Wir
müssen uns manche Fähigkeiten erst bewusst machen, sie
sozusagen aktivieren. Sonst sind sie zwar vorhanden, aber
unbrauchbar.

Alles, das Sie sich nicht bewusst machen, ist schlicht wertlos. Ich will es Ihnen an einem Beispiel zeigen. Nehmen
wir an, Sie gehen mit einer Gruppe durch eine Ihnen unbekannte Stadt. Unterwegs kommen Sie an verschiedenen
Gebäuden und markanten Punkten vorbei. Diese nehmen
Sie zwar wahr, bringen sie aber nicht in Ihr Bewusstsein.
Am anderen Ende der Stadt verabschiedet sich nun der
Stadtführer mit den Worten, dass Sie den Weg zurück sicher alleine fänden. Die Gruppe marschiert also los. An
die ersten paar hundert Meter erinnern Sie sich noch. Aber
dann bei der Kreuzung mit der großen Straße: Müssen
Sie jetzt nach links oder rechts abbiegen? Diskussionen beginnen. »Also dieses Gebäude, das mit dem hohen Turm,

da sind wir doch vorbeigekommen! Ich denke auch, aber dieses Schild kommt mir gar nicht bekannt vor …«

Die Macht in dieser Gruppe kann nun derjenige übernehmen, der sich schon beim Hinweg die markanten Punkte gezielt bewusst gemacht hat. »An der XY-Tankstelle müssen wir links abbiegen, ich schaue mir nur schnell an, wie das von der anderen Seite aussieht. Dann bei dem großen Denkmal vorbei, über die breite Straße darüber und aufpassen an dieser Abzweigung. Da muss man dem Pfeil Richtung Museum folgen …« Genau so müssen Sie sich auch Ihre Wirkung auf andere Menschen ins Bewusstsein holen. Möglicherweise werden Sie mit Erstaunen feststellen, dass Sie diese bis jetzt nicht über-, sondern unterschätzt haben. Wenn Sie wirklich nach oben wollen, ist Selbstunterschätzung eine genauso schlechte Idee wie ihr Gegenteil. In der Sekunde, in der Sie an der Spitze stehen, sind Sie das Gesicht der Macht. Jemand, zu dem die anderen aufschauen wollen. Wenn Sie in dieser Position nicht selbst an sich glauben, wie sollen es dann andere tun? Mal ganz abgesehen davon, dass Ihre Unsicherheit auch zur Angst führen würde, Ihre Macht zu verlieren – mit den weiter vorne geschilderten Konsequenzen.

SEINE EIGENEN SCHWÄCHEN KENNEN

Vergessen Sie bei dieser Gelegenheit auch nicht, sich Ihr Fehlerpotenzial bewusst zu machen. Auch wenn ich mich jetzt wiederhole: Als Machthabendem vertrauen Ihnen die Menschen ihr Bedürfnis nach Anerkennung an. Was Ihnen als kleine Nachlässigkeit erscheint, kann sich beim Betroffenen bis zum Wunsch nach Umsturz und Rebellion auswachsen.

Niemand bemisst Ihre Worte danach, wie Sie diese meinen.
Jeder bewertet das, was bei ihm ankommt. Wenn aber der Empfänger Ihren
Worten nicht das entnimmt, was Sie eigentlich sagen wollten, dann hat nicht er
schlecht verstanden. Dann haben Sie schlecht kommuniziert.

Es ist noch aus einem zweiten Grund wichtig, seine Schwächen zu kennen. Ich weiß schon, dass einer Führungsperson manches einfach nicht passieren darf und sie gegebenenfalls an sich arbeiten muss. Aber auch der Mächtigste bleibt ein Mensch und macht bei allem Bemühen Fehler. Ist er sich dieser aber bewusst, so kann er sie offen bekanntgeben und kommt nicht in die unangenehme Situation, sich verteidigen zu müssen.

Sind Sie zum Beispiel jemand, der ständig anderen verspricht, sie anzurufen, es dann aber mit der Zeit vergisst, sollten Sie sich dieser Tatsache schnellstens stellen. Zu jemandem zu sagen »Ich habe im Moment gerade sehr viel um die Ohren, dürfte ich Sie bitten, sich bei mir zu melden?« tut niemandem weh. Ein vergessener Anruf aber gibt dem anderen das Gefühl, nicht wichtig zu sein oder gar ignoriert zu werden. Je weiter oben Sie stehen, desto ehrlicher müssen Sie zu sich selbst in Bezug auf Ihre Fehler sein. Bevor Sie jetzt weiterlesen, nehmen Sie sich bitte kurz Zeit und formulieren Sie Ihre drei gefährlichsten Schwächen.

WER »OBEN« IST, IST IMMER ALLEIN

Die Frage, ob der Platz an der Spitze für Sie der richtige ist, hängt noch von etwas anderem ab: Sind Sie bereit, jede auch noch so schwierige Entscheidung alleine zu treffen und ebenso alleine vor sich selbst zu verantworten?

Vergessen Sie nicht: Wer anderen Menschen Verantwortung abnimmt, bekommt Macht über sie. Aber wer sollte das in Ihrem Fall sein? Natürlich gibt es Sündenböcke, aber sich in dieser Höhe selbst belügen? Vergessen Sie es. Ganz oben sind Sie alleine.

Man kann Macht mit niemandem teilen, nicht einmal mit dem besten Freund.

Oder haben Sie schon einmal ein Denkmal für eine Generalversammlung gesehen? Auf Ihrem Weg hinauf wird der Punkt kommen, an dem Sie alleine weitergehen müssen. Geteilte Macht ist nämlich nicht doppelte, sie ist nicht einmal halbe Macht. Wo Macht geteilt wird, löscht sie sich aus. Lassen Sie mich das an einem Beispiel zeigen. In ihrem Wesen hat Macht große Ähnlichkeit mit Geld. Auch dieses ist im Grunde nur in seinen Auswirkungen sichtbar und ist nie absolut, sondern misst sich immer an dem, was andere haben. Habe ich zum Beispiel tausend Euro, Sie aber nur hundert, so bin ich reich. Habe ich aber zehntausend und Sie hundert Millionen Euro, so bin ich arm. Habe ich eine Milliarde, finde aber niemanden, der mir etwas dafür verkauft, bin ich auch arm.

Versucht man Geld zu teilen, verliert es seine Kraft. Nehmen wir an, ich borge mir von Ihnen zehntausend Euro. Zur Rückzahlung vereinbaren wir, dass ich Ihnen jeden Tag genau einen Euro zurückgebe. Abgesehen davon, dass die Rückzahlung ewig dauern würde, wäre das Geld für Sie praktisch verloren. Deutlich wurde diese Problematik, als der Zusammenbruch der amerikanischen Immobilienmärkte plötzlich eine weltweite Finanzkrise ausgelöst hat. Viele haben sich da heimlich gefragt, wo eigentlich das

ganze Geld hingekommen sei. Schließlich konnte es sich ja nicht in Luft aufgelöst haben. Hatte es sich natürlich auch nicht. Aber es war plötzlich nicht mehr in einer Hand, die alleine über seine Verwendung entscheiden konnte, sondern aufgeteilt auf Bauarbeiter, Zementfirmen, Architekten und viele andere. Alleine die Tatsache, dass das natürlich weiterhin existierende Geld auf so viele Menschen aufgeteilt war, beraubte es seiner Fähigkeit, die Weltwirtschaft in den Bahnen zu halten.

Im Grunde liegt das Problem auf der Hand. Wenn viele Menschen nur ein bisschen Macht haben, fühlt sich einerseits jeder von ihnen auch nur ein bisschen in der Verantwortung, aber andererseits versuchen alle, das Beste aus ihrem Bisschen herauszuholen. Und das dient nun einmal nie einer gemeinsamen Sache.

Deshalb muss, wer mächtig werden möchte, auch bereit sein,
ganz allein Verantwortung zu übernehmen und jede einzelne wichtige
Entscheidung selbst zu treffen. Sind Sie das?

MÄCHTIG IST NUR DER, DER AUCH GESCHÄTZT WIRD

Ein wirklich mächtiger Mensch braucht noch eine Fähigkeit: Er muss gleichzeitig die Bereitschaft und das Potenzial besitzen, von den anderen geliebt zu werden. Grundsätzlich scheint dieser Wunsch in jedem Menschen zu ruhen.

So wenig sie auch am Ende danach handelten, verspürten selbst die grausamsten Diktatoren den sehnsüchtigen Wunsch, von dem Volk, das sie unterdrückten, geliebt zu werden. Als Elena Ceaușescu, die Frau von Rumäniens

114

Alleinherrscher, ihrem Erschießungskommando gegenüberstand, fragte sie die Soldaten voller Bestürzung, ob diese nicht wüssten, dass sie auch ihre Mutter sei? Nordkoreas Diktator Kim Jong Il ließ sich den Beinamen »der liebe Führer« geben.

Warum aber, so fragt man sich, gerät bei so viel angeblicher Liebe die Sache immer wieder schrecklich außer Kontrolle? Weil Menschen gerade im Machtrausch zu unfassbarer Grausamkeit fähig sind. Aus lauter Angst, ihre Machtposition, die ihnen endlich die gewünschte Anerkennung bringt, wieder zu verlieren, tun sie alles, um genau das zu verhindern. Und machen es gerade dadurch erst möglich.

Zurück aber zu Ihnen. Sind Sie wirklich bereit, als Machthaber geliebt zu sein und nicht gefürchtet? Auch wenn Letzteres effizienter zu sein scheint, es ist es bei weitem nicht.

> *Ein gefürchteter Herrscher verbringt einen großen Teil seiner Zeit damit, seine Position zu erhalten. Bei einem beliebten Machthaber erledigen diese Arbeit seine Untergebenen.*

Lassen Sie uns zur Veranschaulichung einmal zwei Mächtige gegenüberstellen. Hier Nicolae Ceauşescu, der Inbegriff der Gewaltherrschaft, und dort der Papst, der es offensichtlich klüger macht. Um seine Macht zu sichern, beschäftigte Ceauşescu ein riesiges Heer von offiziellen und geheimen Polizisten, Denunzianten, gekauften Richtern, Gefängnis- und Lagerwärtern und versetzte die Bevölkerung in Angst. Trotzdem konnte er den Untergang seines Reiches nicht verhindern.

Der Papst hingegen braucht das alles nicht. Natürlich hat er Himmel und Hölle, aber es bleibt jedem selbst überlassen, sich von dieser Vorstellung beeinflussen zu lassen. Tatsächlich gibt er den Menschen einfach die Möglichkeit, ihn gemeinsam zu lieben. Gleich einem Popstar bekommt er alleine dadurch mehr Macht als alle Diktatoren dieser Welt zusammen.

Wollen Sie nun, dass Ihre Mitarbeiter Sie lieben und Ihnen gegenüber loyal sind, müssen Sie dafür sorgen, dass es ihnen gutgeht.

Nur dann werden sie ein Interesse daran haben, dass gerade Sie in der Führungsposition bleiben, und Ihre Position gegebenenfalls auch verteidigen. Wahrscheinlich denken Sie jetzt an das Thema Bezahlung, aber damit hat es eigentlich weniger zu tun. Mitarbeiter sehen diese wie bei jedem anderen Geschäft auch als vereinbarte Gegenleistung.

DAS POTENZIAL DER MITARBEITER NUTZEN

Es gibt etwas viel Stärkeres: Herdentiere lieben es, wenn sie bei einen Anführer das Gefühl haben, dass er sie entsprechend ihren Fähigkeiten einsetzt. Das klingt jetzt, als wäre es die selbstverständlichste Sache der Welt. Das sollte es eigentlich auch sein. Aber mal ganz unter uns: Von wie vielen Ihrer Mitarbeiter könnten Sie mir deren größte Fähigkeit nennen? Von wie vielen wissen Sie, inwieweit und in welche Richtung sie sich weiterentwickeln möchten?

Vergessen Sie nicht, dass nicht alle Menschen so sind wie Sie. Viele von ihnen wollen Macht, aber nicht alle die ganz große. Hat man nun im Hinterkopf, dass Menschen immer auf der Suche nach Anerkennung handeln, wird ein ganz anderer, leider sehr häufig begangener Fehler sichtbar, der zu vielen, leicht vermeidbaren Problemen führt: Man überträgt einem Untergebenen als Zeichen der Anerkennung mehr Macht, als ihm zuträglich ist. Das ist problematisch, weil der Betreffende mit der ihm übertragenen Machtfülle nicht umgehen kann und folglich zwangsläufig Fehler macht. Anstelle der Anerkennung durch die Mitmenschen, die ihm seine Machtposition eigentlich einbringen sollte, erfährt er durch seine Überforderung das Gegenteil. Er wird also einen anderen Weg finden, um das durch die ihm unvorsichtig übertragene Macht verlorene Ansehen zu kompensieren.

Aber zurück zu Ihren Mitarbeitern. Wie gesagt, nicht alle wollen Macht. Manche wollen einfach nur die Sicherheit, dass das Leben geordnet weitergeht, solange sie sich an bestimmte Regeln halten. Auch das ist ein Punkt, der einem erfolgreichen Machthaber unbedingt bewusst sein sollte:

Macht muss immer berechenbar sein. Ob Sie etwas für gut oder für schlecht befinden, muss unter allen Umständen von nachvollziehbaren Tatsachen abhängen und nicht von Ihrer aktuellen Laune.

Wenn Menschen nicht mehr mit Ihrer Anerkennung rechnen können, werden sie sich diese auf anderem Weg holen. So banal diese Aussage nun klingt, so weitreichend ist sie in der Praxis.

OHNE UNTERSTÜTZUNG GIBT ES KEINE MACHT

Bedenken Sie, dass Sie das Potenzial Ihrer Helfer gar nicht hoch genug einschätzen können. Genau genommen, und

das wollen viele Mächtige nicht wahrhaben, sind Sie ohne Ihre Unterstützer völlig machtlos. Was nützte es Ihnen, der mächtigste Mensch der Welt zu sein, wollte niemand die Kunde Ihrer Macht verbreiten?

In Wirklichkeit entsteht die Macht einer Führungspersönlichkeit einzig dadurch, dass sie einer Gruppe das gewünschte Verhalten vorgibt und diese dem Wunsch nachkommt.

Die Gruppe selbst wiederum hat aber ein Machtpotenzial, das jenes ihres Anführers bei weitem übersteigt. Kein Diktator und auch kein Chef hätte nur einen Funken von Macht, würde diese nicht in seinem Sinn von der Masse erzeugt.

So wie in der Realität nicht der Vorstandsvorsitzende für den großen Gewinn seines Unternehmens verantwortlich ist, sondern die vielen Ingenieure, Marketingmitarbeiter, Kundenbetreuer und Sekretärinnen, auf deren guten Willen er am Ende angewiesen ist, so braucht auch ein Diktator die Masse. Allein durch seinen Einfluss auf die Mitarbeiter und die Tatsache, dass ihm dieser mit Freude zugestanden wird, ist der »Unternehmensoberste« zugleich auch der Mächtigste. Interessanterweise werden aber gerade solche Machtstrukturen sehr häufig falsch eingeschätzt.

Bleiben wir noch kurz beim Beispiel der Alleinherrschaft. Hier gibt es im klassischen Fall einen bösen Alleobersten, der mit einer Handvoll Mitarbeiter Millionen braver Bürger unterdrückt. Er zettelt Kriege an, lässt inhaftieren oder töten, und das Wohl aller Bewohner ist vermeintlich allein von seiner Willkür abhängig. Da es sich hier um eine klassische Anwendung von Gewalt handelt, suchen die Menschen dieses Übel naturgemäß zu beseitigen. Alles konzentriert sich auf den Despoten. Wäre dieser nämlich einmal entfernt, so denken die meisten, dann sei auch der ganze Spuk vorbei. Das kann, wie es die Geschichte ja schon des Öfteren gezeigt hat, natürlich so nicht sein.

Diejenigen, die davon träumen, dass dem Ende des Tyrannen auch das Ende der Tyrannei folgt, übersehen etwas Entscheidendes: Gerade sie selbst sind ein wichtiger Teil des verhassten Systems, welches sie erst durch ihren persönlichen Beitrag am Leben erhalten.

Nehmen wir als Beispiel die sogenannten »Medien«. Oder besser gesagt jene Menschen, die sie erzeugen. Weigerten sich diese geschlossen, einen Unrechtsstaat mit ihrer Arbeit und Kreativität zu unterstützen und mit immer mehr Macht auszustatten, hätte jeder Diktator ein gewaltiges Problem. Denn woher erfährt der Durchschnittsmensch, sofern er nicht zufällig über eine direkte Leitung mit der obersten Armeeführung verbunden ist, von der Macht seines Führers? Aus Zeitung, Fernsehen, Radio und Internet. Wahrscheinlich ist es auch ein Relikt aus unserer frühen Kindheit, dass wir geschriebenen Worten glauben möchten. Selbst wenn wir uns bei der einen oder anderen Schlagzeile denken, sie sei wohl aufgebauscht: Einen wahren Kern möchte jeder darin erkennen.

In einer Abwandlung von Stalins Aussage »Es kommt nicht darauf an, wen die Leute wählen, sondern wer die Stimmen auszählt« liegt auch die große Kraft der Medien. »Es ist«, so möchte man sagen, »nicht wichtig, was tatsächlich passiert, sondern was die Journalisten schreiben.« Schließlich genügt die Behauptung einer mittelmäßig bekannten Tageszeitung, dass der Chef eines großen Unternehmens Verdauungspro-

bleme hat, um den Aktienkurs dieser Firma abstürzen zu lassen.

Als Volksinformanten bringen die Medienvertreter den Menschen gehorsamst das zu Kenntnis, was dem Mächtigen nutzt. Dem Mächtigen, zu dem sie, um Anerkennung heischend, aufschauen. Wie groß das Potenzial der informationsverbreitenden Industrie tatsächlich ist, zeigt ein einfaches Gedankenexperiment. Angenommen, es gelänge einer Gruppe von Verschwörern, einen verhassten Diktator im Zuge eines Putsches zu beseitigen. Angenommen weiter, alle Medienvertreter des Landes weigerten sich aus Solidarität, über das gelungene Attentat zu berichten. Niemand wüsste von dem in diesem Fall sinnlosen Tod des Herrschers, und das Leben ginge weiter wie bisher. Was aber, wenn die Putschisten anstelle von Gewalt das Potenzial der Medien für sich nutzen? Wenn sie also den Tyrannen nicht töteten, sondern stattdessen für die Verbreitung der Nachricht von seinem Tod sorgten? Selbst wenn der Gestürzte am nächsten Tag lebend von der Menge erkannt würde, man würde ihn höchstens als Doppelgänger des Diktators feiern.

Was ich Ihnen mit dieser Geschichte vor allem zeigen möchte, ist, wie wichtig es ist, echte Gegner und echte Gefahren von den vermeintlichen unterscheiden zu lernen.

Für gefährlich halte ich am Ende nicht diejenigen, die anschaffen, sondern jene, die ohne zu denken ausführen. Für diese ist der Wert von Anerkennung umso höher, von je weiter oben sie ihnen zuteil wird.

Übersehen Sie als Mächtiger diese Tatsache und enthalten den anderen die für sie so lebenswichtige Anerkennung vor, gerät Ihr Imperium sehr wahrscheinlich innerhalb kürzester Zeit außer Kontrolle.

Menschen leben nicht einfach ohne Anerkennung, sie holen sie sich von woanders. Sehr häufig werden sie unterstützt durch das Gefühl, selbst durch besondere Gesetzestreue etwas richtig zu machen. Oder aber, und das ist viel schlimmer, indem sie dafür sorgen, dass andere das tun.

Ob das Fußvolk am Ende aber Autofahrer denunziert, weil sie drei Minuten zu lange in der Kurzparkzone gestanden haben, oder den politisch unkorrekten Nachbarn unter das Fallbeil bringt, liegt nah beieinander. Anerkennung ist Leben. Als Mächtiger liegt es in Ihrer Hand, genau diese zu geben.

Nutze und erkenne, so lehrt uns das fünfte Siegel, jedes Potenzial.
Das deiner Gegner, das deiner Mitstreiter und am allermeisten: das eigene.

DAS SIEGEL IN KÜRZE

- Macht verändert nicht nur Ihr ganzes Leben, sondern auch die Art, wie Sie von Ihrer Umgebung wahrgenommen werden.

- Auch die größte Macht ist wertlos ohne jene Menschen, welche die Kunde dieser Macht für Sie in die Welt tragen.

- Ist ein Machthabender beliebt, verteidigen die Untergebenen seine Position für ihn.

- Macht und Verantwortung sind unteilbar.

WAS DENKT MAN ÜBER SIE ALS MACHTINHABER?

Kennen Sie das Potenzial Ihrer Angestellten? Die Fragen im Anschluss sollen Ihnen helfen, eine Antwort darauf zu finden.

- ▶ Auf welche Regeln kann sich in Ihrem Machtbereich jeder verlassen?

- ▶ Wer hat Interesse daran, dass andere von Ihrer Macht erfahren?

- ▶ Warum?

- ▶ Wer sind Ihre gefährlichsten Gegner?

- ▶ Was ist Ihre wichtigste Fähigkeit?

- ▶ Worin liegt deren Schattenseite?

- ▶ Woher wissen Sie, wie viel Macht Sie einem Menschen übertragen können?

*Angriff ist
die beste Verteidigung.*

Carl von Clausewitz

Siegel 6
Sorge für Bewegung

Eine stehende Gruppe braucht keinen Führer

»Um hinter die Geheimnisse eines Zauberers zu kommen«, hat der Magier Henry Hay einmal geschrieben, »könnte ich Ihnen empfehlen, seine rechte Hand nie aus den Augen zu lassen. Das würde Ihnen aber«, so heißt es weiter, »wenig nützen, weil ein Berufszauberer Ihre Augen nach Belieben von seiner rechten Hand ablenken kann.«
Menschen nach Belieben von etwas ablenken zu können, das sie nicht sehen sollen, klingt doch gut, oder? Und es funktioniert auch. Einfacher sogar, als Sie glauben. Ein Zauberer zum Beispiel, der Macht über seine Zuschauer bekommen möchte, nutzt einfach eines der mächtigsten Gesetze der Natur: Alle Wesen folgen der Bewegung.

Egal, ob Mensch oder Tier: Sobald sich etwas in Bewegung befindet, geben wir ihm Macht über unsere Aufmerksamkeit.

So beachten wir einen kleinen schwarzen Fleck an der Wand meist nicht weiter – zumindest solange er still hält. Beginnt er sich aber zu bewegen, nehmen wir ihn augenblicklich bewusst wahr. Auch Tiere können eine lange Zeit ausschließlich damit verbringen, eine möglichst gleichmäßige Bewegung zu verfolgen.
Hinter diesem Interesse an Bewegung steht ihm Grunde nichts anderes als der Drang zu überleben. Bewegung hat

in der Natur sehr vielfältige Aufgaben. So hilft sie uns zum einen, gefährliche von sicheren Situationen zu unterscheiden. Denn allein der Versuch, unser gesamtes Umfeld ständig im Blick zu haben, um etwaige Gefahren rechtzeitig zu erkennen, würde uns sehr wahrscheinlich bald in den Wahnsinn treiben. Im Laufe der Jahrtausende haben daher die Geschöpfe der Natur gelernt, dass von einer Sache, die unbeweglich ist, üblicherweise keine Gefahr ausgeht. Schließlich muss sich ein Feind ja irgendwie annähern.

Aufmerksamkeit ist also erst dort nötig, wo wir Bewegung wahrnehmen. Zum anderen aber, und das ist der Punkt, an dem wir sie für den Aufbau von Macht nutzen können, kann Bewegung auch für die Notwendigkeit einer Handlung, meistens von Flucht, stehen.

Beobachten Sie einmal eine Herde friedlich grasender Pferde. Diese haben immer ein Auge auf die Leitstute, die für die Sicherheit der Gruppe verantwortlich ist. Steht diese ruhig da, besteht auch für die anderen Tiere kein Grund zur Sorge. Gibt sie aber ein wie auch immer geartetes Signal zur Flucht, laufen ihr ihre Artgenossen sofort nach, auch wenn sie nicht ahnen, weshalb.

Wie Sie sicher aus eigener Erfahrung wissen, gilt dieses Verhaltensmuster auch für Menschen. Eine friedlich sitzende Gruppe verwandelt sich innerhalb von Sekunden in eine panische Horde, sobald einige ohne ersichtlichen Grund laut schreiend davonlaufen. Alle schauen auf das Bewegte und ignorieren das Ruhende. Sie können dieses Phänomen auch bei sich selbst beobachten: Wenn Sie im Fernsehen ein Konzert ansehen, wohin schauen Sie? Auf den fast unbeweglichen Keyboarder oder auf den Sänger, der auf der Bühne herumspringt?

Die Fähigkeit, für Bewegung zu sorgen, ist eine der wichtigsten Grundlagen von Macht. Solange alles ruhig dahinplätschert, betrachten sich die Menschen gegenseitig. Eine stehende Gruppe braucht keinen Führer. In der Sekunde aber, in der Bewegung in die Sache kommt, sucht jeder den Schutz der Macht.

In der Praxis sieht das dann so aus: Jeden Morgen, bevor sie in ihre Arbeit gehen, überprüfen die meisten Menschen mittels Radio, Zeitung und anderen Medien, ob irgendwelche Veränderungen für sie anstehen. Ist das nicht der Fall, geht jeder seinen eigenen Weg.

Sobald aber die Medienmacher ihre Macht ausspielen und zum Beispiel durch das Ausrufen einer Finanzkrise für Bewegung sorgen, ändert sich die Situation schlagartig. Sofort begeben sich die Menschen in den Schutz der Masse und beginnen das Gleiche zu tun wie alle anderen auch. Welche Art von Tätigkeit dies ist, wird ganz nebenbei meist von oben vorgegeben.

WER FÜR BEWEGUNG SORGT, MUSS SIE KONTROLLIEREN KÖNNEN

Eine besonders drastische Demonstration der Macht der Bewegung erhielten deutsche Soldaten im Jahr 1943. Die deutsche Wehrmacht hatte Warschau besetzt und die jüdischen Bewohner in einem als »Ghetto« bezeichneten Gebiet zusammengedrängt. Dies geschah in der Absicht, alle zu töten. Schließlich beschloss eine kleine Gruppe von Widerstandskämpfern, sich gegen die übermächtigen Besatzer zur Wehr zu setzen. Einer der damaligen Kämpfer, Ryszard Walewski, erinnerte sich später an folgende Situation: »Während ein Trupp deutscher Soldaten zusammen-

gedrängt am Tor eines der Häuser in Deckung stand, tauchte plötzlich von irgendwoher ein deutscher Offizier in SS-Uniform auf, riss seine Pistole heraus und raste mit dem Schrei ›Juda verrecke!‹ auf das Tor des Gebäudes mit der Nummer sieben zu. Mit erstaunlicher Schnelligkeit rannte der Offizier seinen Untergebenen voraus (die ihm nachliefen und damit ihre sichere Deckung aufgaben), verschwand in einem Eingang, trat ins Treppenhaus, stieg zur Wohnung im ersten Stock und warf aus dem Fenster eine Handgranate – direkt in die Gruppe seiner Soldaten, die noch nicht im Treppenhaus angelangt waren. Erschöpft von der Anstrengung, nahm der ›SS-Offizier‹ den Helm ab und wischte sich den Schweiß von der Stirn. Es war der stellvertretende Oberbefehlshaber unserer Kampforganisation, Abraham Rodal.«

Wo es Ihnen gelingt, die Ursache für Bewegung zu sein,
bekommen Sie auch die Kontrolle über die Situation.

Schließlich geben Sie, wie die Leitstute, mit dem Kommando zur Flucht auch deren Richtung vor. Die Gruppe folgt Ihnen ohne Überlegung und ohne Widerstand.

IN BEWEGUNG SEIN HEISST, DEN RHYTHMUS ZU KENNEN

Beobachten wir einmal einen DJ in einer Discothek. Mit seiner Musikauswahl bestimmt er die Bewegungen seiner Gäste, gibt ihnen Rhythmus und Geschwindigkeit vor. Die Tanzenden wiederum geben ihm gerne diese Macht, da sie sonst vielleicht gar nicht wüssten, wie sie sich bewegen sollen. Tatsächlich bekommt der DJ seine Macht aber nur auf Zeit. Er behält sie genau so lange, bis er gegen das Gesetz des Rhythmus verstößt.

Nicht nur in der Musik ist das Prinzip Rhythmus überlebenswichtig. Ob bei Arbeits-, Ruhe- oder Essenszeiten, Wochentagen und Wochenenden oder monatlichen Einkünften und Zahlungen: Das vorhersagbare Wiederkehren bestimmter Ereignisse gibt den Menschen das angenehme Gefühl tiefer Ruhe. Nicht ohne Grund würden viele am liebsten von der Lehre bis zur Pension die gleiche Arbeit machen.

Was immer so war, wird auch immer so sein und muss nicht jedes Mal neu überdacht werden. Deshalb ist eine abrupte Änderung des Rhythmus wahrscheinlich eine der schlimmsten Veränderungen überhaupt.

Der DJ jedenfalls sieht die Konsequenz sofort: Sobald er den Rhythmus seiner Musik wechselt, verliert er umgehend die Macht über sein Publikum und dieses verlässt die Tanzfläche.

Es ist eine erstaunliche Eigenschaft des menschlichen Gehirns, Dinge ganz selbstverständlich nach einem einmal erkannten Rhythmus zu ergänzen. Ein Beispiel? Lesen Sie bitte einmal laut mit: 2, 4, 6, 8, 10, 12, 14, 16, 17, 20, 22, 24. Die 17 wäre falsch, meinen Sie? Wieso das? Weil Sie ohne meine Aufforderung den Rhythmus erkannt und selbstständig weitergeführt haben. Die Zahl 17 bricht ihn und stört Ihren Bewegungsfluss. Daher lehnen Sie sich jetzt, übertrieben gesprochen, gegen mich auf, und ich verliere die Kontrolle über Sie.

Das bedeutet aber nicht, dass man die Richtung einer Bewegung grundsätzlich nicht verändern kann. Es geht problemlos, solange auch die veränderte Version wieder einen

Takt hat. Die Zahlenfolge 8, 10, 12, 14, 17, 19, 21, 23 bereitet Ihnen wahrscheinlich weniger Schwierigkeiten.

Vielleicht fragen Sie sich jetzt, was Rhythmus nun mit Macht zu tun hat. Überlegen Sie doch einmal, was Ihnen mächtiger erscheint: eine Gruppe beliebig nebeneinander spazierender Menschen oder ein Bataillon Soldaten, das im Gleichschritt an Ihnen vorbeimarschiert?

Es gibt wenige Symbole für Macht, die so stark und gleichzeitig so allgemein verständlich sind wie die Bewegung vieler Menschen im Takt. Dabei ist es am Ende gleichgültig, ob Soldaten zum martialischen Klang von Kriegstrommeln marschieren oder Tänzer sich synchron zu Walzermusik drehen.

Einen ganz großen Anteil an dieser Beeinflussung hat der menschliche Wunsch nach Überschaubarkeit.

Will man diese Art der Manipulation erfolgreich einsetzen, muss man auch sehr genau auf die Geschwindigkeit achten. Ist sie zu langsam, erkennt der Manipulierte den Rhythmus nicht. Ist die synchrone Bewegung zu schnell, können wir sie nicht mehr erkennen, und sie verfehlt deshalb ihre Wirkung.

Auch angehenden Fotografen zeige ich im Zuge ihrer Ausbildung immer wieder, wie das Prinzip des Rhythmus zu Manipulationszwecken genutzt werden kann. In der Bildgestaltung macht man sich dabei zunutze, dass ein Betrachter automatisch einen einmal erkannten Rhythmus weiterführt und dabei den unsichtbaren Bereich des Bildes nach seinen Vorstellungen ergänzt.

Denken Sie zum Beispiel an ein Foto, an dessen rechtem Rand sich eine Allee von Bäumen befindet. Sehen Sie sie? Zwölf Bäume stehen dort, schön aufgereiht in Reih und

Glied, einer neben dem anderen. Der letzte ist nur noch halb zu sehen. Vergrößern Sie jetzt einmal im Kopf den Blickwinkel über den Bildrand hinaus. Was, glauben Sie, kommt nach dem letzten Baum? Ein weiterer Baum, denkt man automatisch. Man käme aber nie auf die Idee, sich rechts vom letzten Baum eine Müllverbrennungsanlage vorzustellen – auch wenn in Wirklichkeit dort eine steht.

Ganz ähnlich verhält es sich, wenn ein Betrachter auf einem Bild kein Ende sehen kann. Dann erscheint ihm das darauf abgebildete Gebäude unendlich hoch, selbst wenn eigentlich nur ein einziges Stockwerk vom Ausschnitt verborgen wird. Die restlichen Etagen erzeugt seine Vorstellung automatisch dazu. Das Geheimnis dieser Art der Manipulation liegt in unserem Zwang, die Entwicklung einer Situation immer vorauszudenken.

Lesen Sie irgendwo von einer »Regel 13«, gehen Sie automatisch davon aus, dass es noch zwölf andere geben muss. Hier nimmt uns der Rhythmus viel Arbeit ab.

Folgen Dinge einem Rhythmus, so gibt uns das die beruhigende Illusion, ihre weitere, für uns gefahrlose Entwicklung vorhersagen zu können.

Überlegen Sie nur einmal, um wie viel anstrengender es ist, auf einem unebenen Waldweg zu laufen als auf einer asphaltierten Straße, die einen durchgehenden Rhythmus erlaubt! Viele asiatische Nahkampftechniken, allen voran das in China entwickelte Tai-Chi, nutzen ganz bewusst den plötzlichen Wechsel zwischen schnellen und langsamen Bewegungen, um den Gegner sprichwörtlich aus dem Tritt zu bringen. Was bedeutet nun das Gesetz des Rhythmus für Sie als Führungskraft?

Es heißt, dass Ihre Mitarbeiter Sie überallhin begleiten,
solange es Ihnen gelingt, einen Rhythmus so deutlich zu definieren,
dass dieser erkennbar ist und sie ihm folgen können.

Wenn Sie Erfolg haben möchten, nutzen Sie unter allen Umständen die Kraft der Gleichmäßigkeit. Gelten Sie als vorhersagbar, als berechenbar. Sonst werden Sie plötzlich selbst zum ärgerlichen, hemmenden Stressfaktor.

DURCH BEWEGUNG BEDÜRFNISSE SCHAFFEN

Bewegung kann aber noch viel mehr. Denn wer sie erzeugt, gibt auch die Geschwindigkeit vor und macht damit die Menschen von sich abhängig. Speziell im geschäftlichen Bereich, wo Macht über einen Markt erlangt wird, indem man einen Bedarf erzeugt, sollte das Potenzial des Tempos nicht unterschätzt werden.

Damit wir uns in diesem Punkt nicht missverstehen, möchte ich etwas vorausschicken. Meiner Meinung nach sind die Zeiten, in denen Unternehmen ihr Geld damit verdient haben, einen vorhandenen Bedarf zu befriedigen, schon lange vorbei. Auch wenn Sie mir jetzt vielleicht widersprechen, nichts von dem, das in den letzten hundert Jahren erfunden worden ist, und nichts von dem, was die Industrie in den nächsten hundert Jahren entwickeln wird, benötigen wir wirklich.

Das lässt sich sehr einfach daran erkennen, dass die Menschen tausende Jahre lang ohne Autos, Flugzeuge und Mobiltelefone ausgekommen sind und kein Geschichtsschreiber irgendwo vermerkt hat, dass jemandem diese ach so wichtigen Utensilien abgegangen wären.

Möchten Sie echte Macht über einen Markt bekommen,
dann nehmen Sie am besten zur Kenntnis,
dass Marktlücken nicht existieren,
sondern von Ihnen geschaffen werden.

In seinem Buch »Die Kunst, die Konkurrenz zum Wahnsinn zu treiben« bringt es Guy Kawasaki, der erste Marke-
ting-Chef von Apple, auf den Punkt: »Zu jener Zeit war
der IBM-PC unter MS-DOS der Standardcomputer fürs
Geschäft. Als wir Kunden befragten, was sie sich von einem
neuen Computer erwarteten, gingen sie von dem aus, was
sie kannten oder was sie bereits gesehen hatten: einem
schnelleren und billigeren MS-DOS-Modell. Es war ihnen
also nicht möglich, bisherige Grenzen zu überschreiten. Sie
konnten nicht ausdrücken, was sie brauchten, um kreativer
und produktiver arbeiten zu können.«
Daher müssen Sie als Motor des Marktes den Bedarf selbst
schaffen. Das bringt Ihnen ganz nebenbei noch einen weiteren Vorteil: Sie können ihn naturgemäß schneller und besser befriedigen als der Mitbewerber.
Schließlich wird nur die Erfindung oder Idee als »echt«
und als Original bewertet, die es geschafft hat, als Erstes in
das Bewusstsein der Menschen zu gelangen. Alles, was erst
danach wahrgenommen wird, gilt als Kopie – ganz unabhängig davon, wann es tatsächlich entstanden ist.
In den letzten zwanzig Jahren ist eine weitere, aus der
Machtperspektive betrachtet sehr interessante Veränderung
eingetreten: Da sie von der Industrie mehr und mehr dazu
erzogen werden, nichts mehr selbst zu schaffen, sondern nur
aus Vorhandenem auszuwählen, werden die Menschen immer passiver. Wollten Sie mit einem Wählscheibentelefon

jemanden anrufen, mussten Sie die Nummer aus Ihrem Gedächtnis abrufen und dem Telefon mitteilen. Auch in den Anfangszeiten der Computer, als man von einer grafischen Oberfläche noch nicht einmal träumte, stellte sich nicht die Frage, welche Optionen vorhanden waren, sondern welche man im Kopf hatte.

Im Lauf der Zeit haben sich die Menschen somit so sehr daran gewöhnt, ausschließlich aus vorgegebenen Möglichkeiten auszuwählen, dass sie gar nicht mehr auf die Idee kommen, dass es auch noch andere, viel individuellere Lösungen geben könnte.

Viele wählen zum Beispiel ihre Reiseziele nicht mehr primär nach Interesse, sondern nach der aktuellen Werbung ihrer Fluglinie aus. Nicht »Was brauche ich« ist heute die Frage, sondern »Was wird mir demonstrativ genug angeboten«.

Auch im Internet ist detaillierte Information nicht mehr eine Überlegung, woher man sie bekommen könnte, sondern einen Mausklick auf einen vorbereiteten Link weit entfernt. In gewisser Weise hat das die Manipulation sehr vereinfacht, weil sich dieses Phänomen natürlich auf den Bereich der Information erstreckt. Bei der Beurteilung von Ereignissen verlassen sich heute die meisten auf die Informationen, die ihnen angeboten werden.

Am deutlichsten wird dieser Sachverhalt, wenn wir uns überlegen, dass eine Information, die einem der Suchmaschinen-Giganten nicht gefällt, einfach nicht vorhanden ist. Wo man früher einen Bekannten um Rat gefragt hätte, gibt man sich heute damit zufrieden, dass die gewünschte Information im Netz eben nicht zur Auswahl erscheint und daher offensichtlich nicht verfügbar ist. Gepaart mit der Tatsache, dass Menschen sich gerne alles schönlügen, geht das Machtpotenzial dieser Technik ins Unermessliche. Interessanterweise funktioniert dieses Prinzip aber auch umgekehrt. Wenn Hersteller A damit wirbt, für seine Marmeladen nur reife Erdbeeren zu verwenden, Hersteller B das aber als selbstverständlich voraussetzt, kann das leicht ins Auge gehen. Mit großer Wahrscheinlichkeit greifen die Konsumenten zu den Produkten von A. Was nicht ausdrücklich betont wird, ist auch nicht vorhanden.

Natürlich kann Bewegung auch zur Ablenkung verwendet werden. Füttert man Menschen ständig mit neuen, unwichtigen Informationen, so sind sie immer damit beschäftigt, diese zu verarbeiten, und haben keine Zeit, sich um die wirklichen Probleme zu kümmern.

Als bereitwillige Helfer fungieren auch in diesem Fall die Medien, die ständig über eigentlich Unwichtiges berichten, damit sich die Leser darin festbeißen können. Verglichen mit den sozialen und politischen Problemen in manchen Ländern (zu denen meist durchaus auch das eigene gehört), scheint mir die Frage, ob Promi X wieder einmal fremdgegangen ist, irrelevant.

MIT BEWEGUNG MASSSTÄBE SETZEN

Es gibt aber noch eine ganz andere Möglichkeit, wie Sie mittels Bewegung Macht erlangen können:

Schaffen Sie selbst Normen und setzen Sie Maßstäbe. Dann bestimmen auch Sie, wer davon abweicht.

Gerade in unserer Gesellschaft haben Normen eine größere Bedeutung, als vielen bewusst ist. So ist es interessanterweise gesellschaftskompatibel, wenn ein Mann seine langen Haare hinten zu einem Pferdeschwanz zusammenbindet. Undenkbar aber wäre es, hätte derselbe Mann seine Haare links und rechts zu zwei Zöpfen geflochten. Aber warum eigentlich? Weil irgendwann jemand eben genau diese Norm geschaffen hat.

Sobald Sie selbst Maßstäbe schaffen, können Sie diese natürlich jederzeit an Ihren persönlichen Bedarf anpassen. Ein Beispiel dafür sind die bereits erwähnten Gesetze. Wenden Sie diese Technik richtig an, entsteht bei Ihren Mitmenschen plötzlich ein erstaunliches Verständnis dafür, dass sie zwar selbst keine Fehler machen dürfen, es Ihnen aber selbstverständlich zuzugestehen ist.

Lassen Sie mich das an einem Beispiel verdeutlichen. Angenommen, Sie haben eine Zeitkarte für die öffentlichen Verkehrsmittel Ihres Heimatortes erworben. Aus Versehen lassen Sie eines Morgens die Geldbörse mit dem Fahrausweis auf dem Küchentisch liegen und laufen zum Zug. Bei einer anschließenden Kontrolle werden Sie somit ohne gültigen Ausweis angetroffen. Fast jeder wird verstehen, dass und warum Sie in diesem Fall eine Strafe bezahlen müssen. Nicht deshalb wohlgemerkt, weil Sie versucht haben, eine Leistung zu erschleichen, sondern weil Ihnen in der Eile ein Fehler unterlaufen ist.

Schauen wir aber weiter. Gleiches Szenario, diesmal auf der anderen Seite. Ein Mitarbeiter der Verkehrsbetriebe, für deren Leistung Sie mittels Zeitkarte bezahlt haben, übersieht in der Hektik einen Fehler an einem Fahrzeug, und es kommt in der Folge zu einem Fahrtausfall. Das ist für Sie mit erheblichen Mehrkosten verbunden, da Sie nun ein Taxi nehmen müssen, um rechtzeitig am Bestimmungsort zu sein. Da die Verkehrsbetriebe die Maßstäbe geschaffen haben, werden sie zwar den für Sie mit äußerst unangenehmen Konsequenzen verbundenen Ausfall bedauern und um Ihr Verständnis ersuchen. Niemand würde aber verstehen, forderten Sie im Gegenzug eine Strafe für die bezahlte, aber nicht erbrachte Leistung.

Genauso verhält es sich bei allen Vorschriften und Gesetzen, die für alle Bürger gelten, mit Ausnahme derer, die sie geschaffen haben. Anders kann ich mir irgendein Verständnis für staatlich sanktioniertes Morden, wie zum Beispiel in Form der Todesstrafe, nicht vorstellen. Die Entscheidung, ob und wann der Gebrauch dieser Technik einen Missbrauch von Macht darstellt, überlasse ich Ihnen.

MITTELS BEWEGUNG ZIELE VERWIRKLICHEN

Wollen Sie nun Macht durch Bewegung erlangen, indem Sie für Bewegung sorgen, müssen Sie eine wichtige Voraussetzung erfüllen:

Definieren Sie ein Ziel, in dessen Richtung Sie die Bewegung lenken möchten, und lassen Sie sich nicht bei der kleinsten Unstimmigkeit vom Kurs abbringen.

So selbstverständlich das jetzt auch klingen mag, so viele Unternehmen sind schon daran gescheitert. Als Führungskraft einer großen Gruppe sind Sie wie der Kommandant eines riesigen Ruderbootes.

Versuchen Sie, mit mir dieses Bild einmal zu visualisieren. Sehen Sie das Ruderboot mit seinen stolzen tausend Rei-

hen? Dann wollen wir losfahren. Spüren Sie die Kraft der Bewegung? Nach anfänglichen Unregelmäßigkeiten haben sich die Ruderer jetzt auf einen Rhythmus geeinigt. Mit der Kraft von zweitausend Armen schießt das Boot auf sein Ziel zu. Plötzlich fällt Ihnen ein, dass die Richtung eigentlich gar nicht so gut ist. Sofort geben Sie das entsprechende Kommando. Die ersten zehn Reihen hören es, reagieren augenblicklich und geben die Botschaft an den Hintermann weiter. Bis Ihre Anweisung jedoch die letzte Reihe erreicht hat, rudern die anderen noch in die falsche Richtung. Bräuchte jeder der Ruderer eine halbe Sekunde, um die Anordnung an seinen Hintermann weiterzugeben, würde es schier endlose acht Minuten dauern, bis die Botschaft den letzten erreicht hätte.

Im schlimmsten, aber wahrscheinlichsten Fall käme das Boot also zum Stillstand. Ob ein so riesiges Boot, wenn es einmal in Fahrt ist, überhaupt keine Richtungsänderung mehr durchführen kann? Natürlich kann es das. Voraussetzung ist nur, dass Sie als Anführer Teil des großen Ganzen sind und das Ziel kennen. Wenn es heißt »Richtungsänderung in dreißig Minuten« haben alle genug Zeit, von dem Kommando zu erfahren und sich darauf einzustellen. Dem Boot geht also keine Kraft verloren.

Sorge für Bewegung, und erhalte sie, lehrt uns das sechste Siegel.
Eine stehende Gruppe braucht nämlich keinen Führer, eine bewegte schon.
Und der solltest du sein.

DAS SIEGEL IN KÜRZE

- Hinter dem Interesse an Bewegung steht der pure Drang zu überleben.

- Wer die Maßstäbe festlegt, kann auch entscheiden, wer von ihnen abweicht.

- Wer Macht haben will, muss für Bewegung sorgen. Eine stehende Gruppe braucht keinen Anführer.

- Wer die Ursache einer Bewegung ist, bekommt auch Kontrolle über die Situation.

- Verändert man die Richtung einer Bewegung zu schnell, kann das den kompletten Stillstand bedeuten.

SIND SIE IN DER LAGE, FÜR BEWEGUNG ZU SORGEN?

Die Beschäftigung mit folgenden Fragen soll es Ihnen zeigen.

- ▶ Sehen Sie im Fernsehen lieber ein Ski-Rennen oder die Übertragung einer Sitzmeditation?

- ▶ In welchen Bereichen sind Sie unberechenbar?

- ▶ Was bedeutet »für Bewegung zu sorgen« konkret für Sie als Führungskraft, und in welcher Form tun Sie es?

- ▶ Wer setzt in dem Bereich die Maßstäbe, wo Sie es nicht tun?

- ▶ Was ist in den letzten Jahren auf den Markt gekommen, ohne das die Menschen nicht hätten überleben können?

- ▶ Warum haben sie trotzdem überlebt?

- ▶ Warum denken Menschen, dass sie gewisse Dinge benötigen?

- ▶ Von wem lassen Sie sich die Optionen vorgeben, aus denen Sie auswählen?

*Je weiser aber und mächtiger
ein Meister ist, umso unmittelbarer
geschieht auch sein Werk
und umso einfacher ist es.*

Meister Eckhart

Siegel 7
Kommuniziere deutlich

Ohne Sprache keine Macht

Als ich vor mittlerweile über zwanzig Jahren das erste Mal Bulgarien besuchte, stand ich als Sprachunkundiger vor einem interessanten, sehr ungewohnten Kommunikationsproblem. Um eine Frage zu bejahen, schüttelten die Einheimischen den Kopf, ein Nicken hingegen bedeutete »Nein«. Das alleine wäre aber gar nicht so schlimm gewesen. Mit der Zeit gewöhnt man sich an alles. Das wirklich Unangenehme war der Umstand, dass dieses Verhalten nicht einheitlich war. Bei manchen bedeutete das Schütteln des Kopfes »Ja, selbstverständlich«, bei anderen hingegen »Nein, auf gar keinen Fall«. Die Folge war, dass ich durch diese Irritationen oftmals mein Ziel nicht erreichte oder im Gespräch verunsichert war, da ich nicht wusste, was mein Gegenüber mir vermitteln wollte. In einer ihm fremden Gegend gibt ein Reisender jenen Menschen, die er um eine Auskunft bittet, notgedrungen Macht über sich und sein Wohlergehen. Schließlich macht er sich durch seine fehlenden Sprach- und Ortskenntnisse von ihnen abhängig.

Stellen Sie sich einmal vor, Sie stehen in Bulgarien an einem Bahnsteig vor dem vermutlich letzten Zug des Tages. Nur: Ist es auch sicher der richtige? Hinter sich hören Sie bereits das Pfeifen des Stationsvorstehers. Sie wissen, Sie haben noch exakt dreißig Sekunden Zeit, um zu entscheiden, ob Sie einsteigen oder nicht. In Ihrem Kopf laufen die mög-

143

lichen Szenarien ab: Ist der Zug der falsche, verbringen Sie den Folgetag im Nachbarort. Ist es aber der richtige und Sie lassen ihn fahren, verbringen Sie die nächsten zwölf Stunden auf diesem Bahnhof. In höchster Eile rufen Sie dem Fahrdienstleiter den Namen jenes Ortes zu, in den Sie fahren möchten. Der schüttelt eifrig den Kopf. Was tun Sie?

Gerade an diesem Beispiel kann man sehr schön sehen, dass die freiwillige Unterordnung unter die Anweisungen eines anderen durchaus das gute Gefühl von Sicherheit geben kann. Je eindeutiger mein Gegenüber in diesem Fall kommuniziert, umso besser geht es mir. Die Situation in Bulgarien war nicht nur für mich das Gegenteil dessen. Anstelle einer klaren Anweisung, den Zug zu besteigen oder noch zu warten, hatte ich ständig das Gefühl, die Leute sagten zu mir: »Es könnte natürlich sein, dass es der richtige Zug ist, aber so genau weiß ich das jetzt auch nicht.« Durch ihre Unfähigkeit zu einer für uns Reisende verständlichen Kommunikation brachten sich die Einheimischen um die Möglichkeit, uns ein Gefühl der Sicherheit zu geben.

Sie werden jetzt vielleicht denken, es wäre ja meine Sache gewesen, die Sprache des Landes zu lernen, um die Menschen zu verstehen. Schließlich wäre ich dort zu Gast gewesen und hätte mich anpassen müssen. Vom Standpunkt der Höflichkeit haben Sie mit dieser Ansicht durchaus Recht. Vom Standpunkt der Macht aber nicht.

Nicht nur, aber auch wegen dieser besonderen Art der Verständigungsschwierigkeiten wurde Bulgarien lange Zeit von Individualtouristen eher gemieden. Ähnliches lässt sich in großen Teilen Asiens beobachten: Wo die Einheimischen keine Sprache sprechen, die von den Reisenden verstanden wird, kommen diese einfach nicht hin.

*Grundsätzlich liegt die Verantwortung
für jede gelungene Kommunikation immer bei demjenigen,
der mit seinen Worten etwas erreichen möchte.*

Nicht Sie oder mein Mitarbeiter verstehen etwas nicht, ich habe es nicht verständlich genug ausgedrückt. Auch wenn Ihnen das jetzt wahrscheinlich nicht gefällt, es ist einfach so. Besonders wichtig ist diese Einsicht im Bereich der Macht. Hier setzen wir Sprache vorrangig dazu ein, bei einem anderen etwas zu erreichen.

Es liegt daher einzig in unserer Verantwortung, dass jede Anweisung beim Adressaten so ankommt, wie wir das beabsichtigt haben. Gleichzeitig sollte das natürlich auch in unserem Interesse liegen. Nicht grundlos versucht man folglich überall dort, wo gelungene Kommunikation über Leben und Tod entscheiden kann, alle Fehlerquellen auszuschalten. So unhöflich uns die verknappte Sprache der Piloten, Militärs und Einsatzkräfte manchmal auch erscheinen mag, sie erfüllt auf eine sehr effiziente Weise ihren Zweck.

*Nur wer gelernt hat, deutlich zu kommunizieren,
kann sich in der Folge auch darauf verlassen, dass seine Anordnungen
nach seinen Wünschen ausgeführt werden.*

KLARE ANSAGEN UND WERTSCHÄTZUNG

Wir müssen aber gar nicht bis Bulgarien fahren, damit andere Menschen unsere Sprache nicht verstehen. Dafür, dass die gleichen Worte eine andere Bedeutung bekommen, genügt es, dass zwei Gesprächspartner unterschiedlichen Gesellschaftsschichten angehören. So hat die Aufforderung,

ein »nicht allzu teures Geschenk zu kaufen«, für einen Hartz-IV-Empfänger mit Sicherheit eine andere Bedeutung als für einen Vorstandsvorsitzenden.

So klar und selbstverständlich das jetzt auch scheinen mag: Gepaart mit Macht, können die Folgen undeutlicher Kommunikation fatal sein. Nicht nur, dass sich Menschen mit unklaren Anweisungen sehr schnell alleine gelassen fühlen, wie Sie das von unverständlichen Gebrauchsanweisungen her kennen. Auch befolgen sie Befehle aus dem tiefen Bedürfnis nach Anerkennung. Je undeutlicher aber nun Ihre Anweisung ist, desto größer die Wahrscheinlichkeit, dass der Empfänger sie nicht richtig umsetzt. Damit aber, und dies ist das eigentliche Problem, verliert er auch die Chance auf das Gefühl, etwas ordentlich gemacht zu haben, und auf das damit verbundene Lob.

Bei einem Untergebenen, der auf Ihre Zustimmung als Führungskraft angewiesen ist, kann »Nicht-Kommunikation« ein schlimmes Gefühl der Unzufriedenheit hervorrufen, dass sich im äußersten Fall bis zur offenen Rebellion steigert.

Sehr schön zu sehen ist dieser Mechanismus in der Tierwelt. Sind Ihre Anweisungen klar genug, wird jedes Herdentier Sie als Alphatier akzeptieren und Ihre Befehle befolgen. Sobald aber Ihre Weisung einmal nicht deutlich genug ist, verlässt das Tier die Gewissheit, dass Sie für seine Sicherheit sorgen können. In diesem Moment ersetzt es Sie als Leittier und übernimmt das Kommando über Ihre Zweier-Gruppe selbst.

Es ist wichtig zu verstehen, dass der Fehler hier nicht in mangelnder Führungskompetenz, sondern alleine in der Unfähigkeit zu deutlicher Kommunikation zu suchen ist.

Nun verstehen Tiere natürlich weder Deutsch noch irgendeine andere menschliche Sprache. Wie auch Menschen, die unsere gesprochenen Worte nicht verstehen können, orientieren sie sich in so einem Fall an der Lautstärke, dem Klang und vor allem an unserer Körpersprache.

Die oft geäußerte Meinung, dass menschliche Kommunikation im Endeffekt ausschließlich über Körpersprache abläuft, teile ich allerdings nicht. Meiner Meinung nach hat für den Menschen immer noch die Frage, was jemand sagt, Vorrang vor dem, was passiert.

Denken Sie nur einmal an eine Situation, in der ein laut bellender Hund auf Sie zugelaufen kommt. Sind Sie mit diesem Tier alleine, weil der Besitzer erst den Hügel erklimmen muss, werden Sie das Verhalten dieses Hundes wahrscheinlich als Angriff auslegen und sich entsprechend verhalten. Als Fluchttier, das der Mensch vorrangig ist, werden Sie wohl Ihrem Überlebensdrang gehorchen und versuchen, die Szene schnellstmöglich zu verlassen. Ganz anders sieht die gleiche Situation aber aus, wenn der Hundehalter neben Ihnen steht und Ihnen beruhigend versichert, dass das Tier zwar laut, aber sonst völlig ungefährlich sei. Trotz Ihrer Angst unterdrücken Sie Ihren instinktiven Fluchtimpuls und bleiben, wo Sie gerade sind. Hat das Tier nun gerade wirklich sehr schlechte Laune, ist diese Besänftigung möglicherweise zu Ihrem Nachteil.

NICHT DER SELBSTTÄUSCHUNG UNTERLIEGEN

Es ist eine oft übersehene Tatsache: Unser Verstand dominiert so sehr, dass er selbst über unserem natürlichen, instinktiven Verhalten steht. Einem Menschen, den Sie zwar

noch nie gesehen haben, der Ihnen aber im Vorfeld als ausgesprochen sympathisch beschrieben worden ist, begegnen Sie anders als jemandem, über den Sie noch nie etwas Gutes gehört haben.

Die uns eigentlich bekannte Tatsache, dass jede Beurteilung immer nur aus dem Empfinden oder gar aus dem Interesse des jeweiligen Erzählers entstand, blendet unser Verstand meist zu unserem Nachteil aus.

Wie auch vieles andere entsteht dieses eigentlich völlig unnatürliche Verhalten sehr häufig bereits in der Kindheit.

Die Schweizer Psychotherapeutin Alice Miller hat einmal sinngemäß geschrieben, dass Menschen, die so erzogen wurden, dass eine einzige drohende Gebärde eines Elternteils ausreicht, damit sie reagieren, häufig noch im hohen Alter nicht merken, wenn sie von einem anderen missbraucht werden, solange dieser »freundlich mit ihnen spricht«.

Im Gegensatz zu Menschen kennen Tiere diese Form der Selbsttäuschung durch Sprache nicht. Offensichtlich gehen sie alleine danach, was die Körpersprache über ihren Anführer aussagt. Verrät sie Schwäche, wird selbst ein Alphatier umgehend zum potenziellen Feind.

Weil es so wichtig ist, noch einmal zur Erinnerung: Das Prinzip Macht ist nicht die Idee der Natur, dass jemand, der einmal hinaufkommt, gleichsam automatisch für immer oben bleibt. Ganz im Gegenteil. Anführer müssen ihren Platz an der Spitze ständig aufs Neue beweisen. Wer sich nicht bewährt, verschwindet. Werden zum Beispiel Dompteure von ihren Raubtieren gebissen, entstehen sofort die abenteuerlichsten Theorien über die Ursachen. Von »Beschützerverhalten« ist dann die Rede, von erschrockenen Tieren, die in ihrer Angst attackieren, und von vielen anderen möglichen Auslösern, aber nie vom wirklichen Grund.

»Stellen Sie sich die Situation einmal aus der Sicht der Tiere vor«, meinte vor einiger Zeit ein deutscher Dompteur, den sein Tiger fast zu Tode gebracht hatte. »Das vermeintlich so mächtige Alphatier liegt plötzlich am Boden und zeigt Schwäche. Natürlich schauen die Konkurrenten einmal nach, ob sich da nicht etwas machen lässt. Also gehen sie auf den Gruppenobersten los.«

Zum Erhalt und Aufbau von Macht ist Sprache das stärkste aller vorhandenen Werkzeuge. Ohne sie gäbe es keine Hoffnung, keine Versprechen, kein Lob und keinen Tadel, keine telefonischen Drohungen, keinen Glauben und auch keine Lügen.

Lassen Sie mich die Stärke der Sprache an einem Beispiel demonstrieren. In Abwandlung eines Witzes, den ich aufgrund seines rassistischen Inhaltes nicht im Original wiedergeben möchte, sagt ein Bauer zu seinem Knecht: »Heute schlachten wir zwei Millionen Kühe und einen Hund.« Darauf antwortet der Knecht: »Wieso einen Hund?« Sie sind jetzt wahrscheinlich der Meinung, das Erstaunen des Knechtes rühre daher, dass es zwar üblich ist, Kühe zu schlachten, ein Hund aber in diesem Zusammenhang recht selten vorkommt. Drehen wir das Ganze einfach einmal um und lassen den Bauern sagen: »Heute schlachten wir zwei Millionen Hunde und eine Kuh.« Was denken Sie, wird der Knecht jetzt fragen?

Worauf das Prinzip dieses Gedankenspiels beruht? Ganz einfach: Menschen gewichten immer das am stärksten, was sie als Letztes hören. Wenn wir »die Steuern senken, ob-

wohl wir leider die Abgaben erhöhen müssen«, ist die Botschaft doch eine ganz andere, als wenn wir »zwar die Abgaben erhöhen müssen, aber gleichzeitig die Steuern senken«, oder?

DURCH LOB EMOTIONALE ABHÄNGIGKEIT SCHAFFEN

Im Bereich der Macht ist Sprache Werkzeug und Droge zugleich. Ohne sie gäbe es nämlich vor allem eines nicht: emotionale Abhängigkeit, die einzige Grundlage der Macht.

Generell machen Menschen eine Arbeit gut, weil sie Konsequenzen fürchten, sprich, das Ertragen von wie auch immer gearteter Gewalt vermeiden wollen. Sie machen aber die gleiche Arbeit noch besser, weil es ihnen Freude macht, gelobt zu werden.

Warum aber halten die meisten Führungskräfte die »Motivation durch Drohen« für den besseren Weg? Weil Führen durch Lob die Bereitschaft voraussetzt, sich selbst und das eigene Bedürfnis nach Anerkennung hintanzustellen. Weil es zudem auch bedeutet, den eigenen Anteil am Gelingen einer Sache außen vor zu lassen und zu einem Mitarbeiter zu sagen: »Nicht wir, Sie haben das jetzt ganz toll gemacht!« Egal wie viel eigene Leistung involviert war.

Machen Sie sich in solchen Situationen immer bewusst, worum es Ihnen eigentlich geht: Wollen Sie vor Ihren Untergebenen gut dastehen oder ein großes Ziel erreichen?

Ersteres wird Sie bald als Führungskraft disqualifizieren, weil Mitarbeiter Eitelkeit sehr schnell durchschauen und diese Schwäche auszunutzen beginnen. Vergessen Sie nicht:

Auch das Alphatier ist verwundbar! Selbst wenn Sie jetzt zustimmend nicken: Nehmen Sie sich die Zeit und machen Sie sich die Problematik bewusst.

Lassen Sie uns noch einmal zum Führen durch Drohen zurückkommen. Dieser vermeintliche Machterhalt hat nämlich einen ganz entscheidenden Fehler. Er funktioniert nur dann, wenn der Bedrohte sich die Konsequenz vorstellen kann und ihm diese tatsächlich auch Angst macht. Andernfalls geht die Drohung auf eine sehr peinliche Art ins Leere. Nicht alles nämlich, was für Sie schrecklich wäre, ist es auch für jemand anderen.

Anerkennung dagegen ist ein Naturgesetz. Daher wird sie ohne Unterschied von allen verstanden. Vielleicht fragen Sie sich manchmal, warum ich so oft auf die »Gesetze der Natur« zu sprechen komme. Ich tue es, weil ich ihre Kenntnis und Einhaltung gerade in der Kunst der Führung für überlebenswichtig halte. Gesetze, die uns von der Natur vorgegeben werden, sind stärker als jeder menschliche Wille. Weder können Sie die Schwerkraft verbieten noch es Menschen untersagen zu sterben. Versuchen Sie gegen etwas anzukämpfen, was in den Menschen von Natur aus vorhanden ist, werden Sie sehr viel Energie darauf verschwenden und am Ende dennoch scheitern. Nutzen Sie diese Kraft besser für das Erreichen Ihrer Ziele.

DER MACHTVOLLE UMGANG MIT DER SPRACHE

Die Macht der Sprache ist weitaus größer, als den meisten bewusst ist. Außer durch ihr Auftreten beurteilen wir unbekannte Menschen vor allem durch ihre Fähigkeit, mit Sprache umzugehen. Eine geschliffene Sprache kann zur

furchterregenden Waffe werden, wie es uns die Zunft der Anwälte und der Beamten täglich beweist. Wenn diese »im Namen ihrer Mandantschaft« ihre schwülstigen, bizarren Sprachgebilde von sich geben, lassen sich sprachlich weniger versierte Menschen davon immer wieder beeindrucken, da sie glauben, sie hätten es mit einer unbesiegbaren Überlegenheit zu tun. Umgekehrt werden Sie die Bewerbung einer Person, die zwar fachlich perfekt zu Ihren Anforderungen passt, deren Bewerbungsschreiben aber in der Sprache eines Volksschülers verfasst ist, wohl zuerst einmal hinten anreihen – auch wenn die Fähigkeit zur Kommunikation gar nicht Teil der Stellenbeschreibung ist. Noch schlimmer wird es, wenn das Anschreiben voller Rechtschreibfehler ist. Aber warum eigentlich? Den Inhalt verstehen wir ja auch so.

Die meisten von uns empfinden aber die Tatsache, dass jemand ein fehlerhaftes Schreiben absendet, unbewusst als Zeichen mangelnden Respekts, also als mangelnde Zuwendung. Der Absender, so denkt sich der Empfänger, nimmt sich nicht einmal so viel Zeit für mich, dass er die Fehler korrigiert! Dann kann ich ihm ja nicht sehr viel wert sein.

Gerade bei Bewerbungsgesprächen wird Wert darauf gelegt, dass der Bewerber möglichst viel über vergangene Erfolge seines potenziellen Arbeitgebers in Erfahrung gebracht hat. Wer dem Firmenchef durch Wissen über dessen Leistung Anerkennung gibt, hat ungeachtet der Qualifikation die besseren Karten. Wenn Sie mir jetzt widersprechen, denken Sie doch einmal ehrlich darüber nach. Wissen, so heißt es so schön, ist Macht.

Kommen wir aber noch ein mal kurz zurück zum Thema Lob.

Viele Führungskräfte haben Angst, durch übermäßiges Lob
ihre Machtposition zu verlieren. Tatsächlich ist selbstredend
das Gegenteil der Fall. Es geht vielmehr derjenige unter,
der anderen das Lob verweigert.

Schauen wir uns einmal an, wie welches Verhalten bei den Umstehenden ankommt. Jemand, der immer nur schimpfen und andere heruntermachen muss, hat offensichtlich Angst um seine Position. Wer es sich hingegen erlauben kann, Mitarbeitern mit Respekt zu begegnen, muss wohl über den Dingen stehen. Ein cooler Typ, wie man heute sagen würde.

Trennen Sie aber unbedingt Lob von Lobhudelei. Die beiden haben nichts miteinander zu tun. Jemandem Honig ums Maul zu schmieren, um bei ihm etwas zu erreichen, ist eine leicht durchschaubare, gefährliche Taktik. Menschen haben ein feines Gefühl für eigennützige Verlogenheit.

Bringen Sie sich lieber dazu, ehrlich zu loben.
Lob öffnet nämlich auch die Ohren für etwas, was sie
normalerweise verschließt: Kritik.

Nehmen wir einmal an, Sie zeigen mir als Ihrem Vorgesetzten eine Arbeit. Was Sie erwarten, ist mittlerweile bekannt: Anerkennung. Nicht zwingend Zustimmung, aber eben möglichst ein »Danke, gut gemacht«. Nun bin ich mit dem, was ich da zu sehen bekomme, nicht wirklich zufrieden. Beziehe ich jetzt meine Macht aus Gewalt, so schreie ich Sie an: »Wenn Sie mir noch einmal so einen Mist zeigen, sind Sie Ihren Posten auf der Stelle los!« Arbeiten Sie mit dieser Ansage von jetzt an besser? Kaum.

Probieren wir es einmal anders: »Grundsätzlich gefällt mir das ja schon sehr gut. Kleine Anmerkung trotzdem: Wenn Sie jetzt noch das und das verbessern, dann ist es perfekt. Danke jedenfalls!« Und, tat das weh? Ohne sich selber zu mindern, sagt man in China, vermag man die anderen zu mehren.

Wie Sie handeln sollen, wenn Ihnen die abgelieferte Arbeit rein gar nicht gefällt? Ob Sie dann trotzdem etwas Gutes an ihr finden sollen? Das kommt ganz darauf an, was Ihr Ziel ist. Möchten Sie wirkliche Macht haben oder nur Ihr Selbstwertgefühl steigern, indem Sie einen Mitarbeiter schikanieren? Beides geht nicht. Und wenn es Ihnen nicht gelingt, über dieser Sache zu stehen, sollten Sie die Idee mit der Macht besser schnellstens vergessen.

WIE REGIERUNGEN SPRACHE MISSBRAUCHEN

Auch die Organe des Staates bedienen sich beim Aufbau von Unterdrückungsmechanismen ganz gezielt der Sprache als Waffe. Nicht zufällig werden Gesetze so formuliert, dass selbst derjenige, der alles daransetzt, sie nicht zu übertreten und geflissentlich einzuhalten, in die Sprachfalle tappt. Wie es sich für einen Machtaufbau mittels Gewalt gehört, muss der Bürger jederzeit das Gefühl haben, der Willkür der Behörden schutzlos ausgeliefert zu sein.

Gerade zum Thema Machtmissbrauch können wir von dieser Seite viel lernen. Nehmen wir als Beispiel das Finanzamt. In einer bekannten Designzeitschrift hat vor vielen Jahren einmal jemand geschrieben, man solle sich eben diese Institution zum Vorbild nehmen, wenn es um die effiziente Formgebung von Rechnungen geht. Die Schreiben, so meinte der Autor, welche Sie von dieser Behörde erhalten, seien schnörkellos und bar jeder Gestaltung. In ihnen sei nichts anderes vermerkt, als wie viel Geld Sie bis wann wohin zu transferieren haben und was passieren wird, wenn Sie es nicht tun.

Gut, dass das alles schon immer so war. Denn aus der Entfernung betrachtet, sieht man plötzlich kaum Unterschiede zu den Methoden der Mafia. Auch dort haben Sie Geld zu bezahlen, weil es von Ihnen gefordert wird und nicht, weil dem zu zahlenden Geld irgendeine von Ihnen in Anspruch genommene Leistung gegenübersteht.

Haben Sie aber schon jemals ein Dankschreiben bekommen, dass Sie mit Ihren Steuern auch das Überleben von Organisationen ermöglichen, die Sie eigentlich zur Hölle wünschen? Natürlich nicht.

Die wichtigste Säule der Staatsmacht ist nicht die staatliche Zuwendung, sondern die Staatsgewalt. Ausgeübt wird diese von anonymen Helfern, die ihrerseits ihre Macht aus der Tatsache beziehen, dass ein anonymer Gesetzgeber die Verantwortung für ihr Handeln und damit ihre Rechtfertigung vor dem eigenen Gewissen übernimmt.

Schließlich haben Sie ja nur »auf Weisung« gehandelt. Nun könnte an dieser Stelle der Eindruck entstehen, dass Machtaufbau mittels Gewalt doch effektiv sein muss. Vergessen Sie es. Überlegen Sie nur einmal, wie viele Staaten ein sagen wir fünfzig Jahre alter Zeitgenosse schon kommen und gehen gesehen hat! Gerade in der letzten Zeit sind viele Staatskonstrukte zusammengebrochen, deren Existenz letztlich nur auf dem Fundament der Gewalt errichtet war.

Auch die Vertreter des Staates scheinen dieses drohende

Szenario und seine Konsequenzen im Hinterkopf zu haben. Warum sonst nehmen sie sich selbst aus der Schusslinie, indem sie ausschließlich anonym agieren? Zumindest in meinem Land, in Österreich, sind behördliche Drohschreiben fast nie namentlich gekennzeichnet. Es schreibt also weder Maria Müller noch Hans-Herbert Huber. Vielmehr meldet sich »das Finanzamt«, »das Gericht« oder sonst irgendeine gesichtslose Organisation. Warum? Schon die Bibel lässt den brennenden Dornbusch auf Moses' Frage »Wer bist du?« antworten: »Warum fragst du nach meinem Namen als Mittel, dich meiner zu bemächtigen?« Dieses Konstrukt ist kein Zufall, sondern ein wichtiger Teil der Waffe Sprache. Menschen fürchten sich instinktiv vor unsichtbaren Gefahren und vor allem, was sie nicht ein- oder zuteilen können.

Wo Macht durch Gewalt aufgebaut und am Leben erhalten werden soll, ist dieses Vorgehen überlebenswichtig. Selbst wenn es mir nämlich gelänge, Herta Hahnenfuß als Verfasserin des Schreibens ausfindig zu machen, und ich diese am Telefon um ihre Hilfe ersuchte, würde sie mir diese als Mensch sehr wahrscheinlich anbieten. Leider sind ihr aber als Behörde in einem solchen Fall schon »rein rechtlich die Hände gebunden«. Man kann wohl nicht oft genug betonen, wie wichtig es ist, den hinter diesen Vorgängen stehenden Mechanismus zu verstehen. Frau Hahnenfuß ist kein schlechter Mensch. Niemals würde sie vorsätzlich einem Mitmenschen das Leben zerstören, hätte sie das Gefühl, dafür persönlich die Verantwortung übernehmen zu müssen. Auch ein Henker, der erfährt, dass er einen Unschuldigen getötet hat, fühlt sich nicht als Mörder. Vielmehr wird er diejenigen verantwortlich machen, die aufgrund eines

Fehlurteils diese Tat angeordnet haben. Befehlshörigkeit lässt viele Menschen ihre Moral und ihr Gewissen vergessen.

WER SCHREIT, VERLIERT AN MACHT

Ich möchte Ihnen trotz allem dringend von dieser Art des Machtmissbrauchs abraten. Wie die Geschichte oft gezeigt hat, geht es nicht lange gut. Menschen, die in Ihrem Auftrag anderen schaden, tun das nicht aus Loyalität oder Überzeugung, sondern allein zur Befriedigung ihrer eigenen Interessen. Schwindet einmal Ihre Macht, würden Ihre Helfer mit der gleichen Härte und Emotionslosigkeit gegen Sie vorgehen, mit der sie im Moment Ihre Befehle befolgen.

Deutliche Kommunikation hat auch nichts mit Lautstärke zu tun. Eine unklare oder undeutliche Anweisung wird nicht dadurch besser, dass Sie sie brüllen.

Auf amüsante Art bewusst gemacht hat mir das die Gebrauchsanweisung meiner Diktiersoftware, die gesprochene Worte in geschriebene umsetzen soll. Neben der Aufforderung, deutlich zu sprechen, damit »das Programm Ihre Anweisungen verstehen kann«, war noch zu lesen: »Es hat keinen Sinn, wenn Sie den Computer anschreien.« Genauso verhält es sich auch bei Lebewesen. So selbstverständlich das aber in der Theorie ist, so unklar scheint es den Menschen in der Praxis zu sein.

Gemeinsam mit einer Pferdetrainerin gebe ich Führungsseminare, bei denen wir Pferde als Feedback-Trainer einsetzen. Als Fluchttiere beobachten diese ihre Umgebung

ständig mit allerhöchster Aufmerksamkeit, so dass ihnen nicht einmal die kleinste Veränderung in ihrer Umwelt entgeht. Auch haben sie als Herdentiere gelernt, einen Anführer zu akzeptieren und dessen Anweisungen zu befolgen. Gleichzeitig aber versuchen sie, mit ihrer Energie so sparsam umzugehen wie möglich und daher jede unnötige Bewegung zu vermeiden. Sie handeln also nur dann, wenn es einen triftigen Grund dafür gibt.

Die Aufgabe jedes Teilnehmers ist es nun, ein Pferd dazu zu bringen, ihm an einen bestimmten Platz zu folgen. Sie dürfen das Tier dabei nicht berühren. Kommuniziert man dem Tier die eigene Führungsposition deutlich genug, funktioniert das anstandslos. Versucht man aber, ihm mit Worten klarzumachen, dass es doch bitte so nett sein möge, einem auf die andere Seite zu folgen, hat das den gleichen Effekt, als wolle man ohne Sprachkenntnisse einen Chinesen darum bitten, die Bedeutung der örtlichen Götter zu erklären: gar keinen. Das Pferd steht herum und schaut – dem Anschein nach desinteressiert, in Wirklichkeit aber auf eine ihm verständliche Anweisung wartend. Zuerst versuchen es die Teilnehmer mit Güte. Wenn das aber nicht hilft, werden sie laut und immer lauter. Einzig das Pferd versteht weiterhin nicht, was es tun soll. Daher bleibt es, meist sehr zum Ärger der ihm zugeteilten Führungsperson, regungslos stehen.

Denn deine Macht, so lehrt uns das siebente Siegel,
gewinnst und verlierst du in der Kommunikation. Sprich die Sprache jener,
die du zu führen hast, und kommuniziere so deutlich, dass sie fühlen,
dir in Sicherheit folgen zu können.

DAS SIEGEL IN KÜRZE

- Menschen werden an ihrem Umgang mit Sprache gemessen.
- Anweisungen vermitteln nur dann ein Gefühl der Sicherheit, wenn sie klar und unmissverständlich sind.
- Die Deutlichkeit einer Aussage erhöht sich nicht mit der Lautstärke, mit der sie geäußert wird.
- Ehrlich gemeintes Lob öffnet auch die Ohren für Kritik. Wer als Führungskraft Lob verweigert, geht unter.
- Sprache ist gleichzeitig das stärkste, aber auch das gefährlichste aller für den Machtaufbau vorhandenen Werkzeuge.

WIE ZIELGERICHTET IST IHRE KOMMUNIKATION?

Die Beschäftigung mit folgenden Fragen soll Ihnen helfen, noch deutlicher zu kommunizieren.

- ▶ Welche Gefühle erzeugt deutliche Kommunikation bei Ihnen?
- ▶ Welche Gefühle erzeugen unklare Anweisungen?
- ▶ Kommunizieren Sie selbst deutlich?
- ▶ Woran erkennt man das?
- ▶ Was sagen Sie, wenn Sie selbst nicht genau wissen, was Sie wollen?
- ▶ Muss effiziente Sprache immer grob sein?
- ▶ Wie reagieren Sie, wenn Ihren Anweisungen keine Handlung folgt?

Teil 3

Das Behalten von Macht

Wer vorgeht mit Gewalt,
der hat Willen.
Wer seinen Platz nicht verliert,
der dauert.
Wer stirbt, ohne zu vergehen,
lebt immerdar.

Laotse

Man fällt nicht
über seine Fehler.
Man fällt immer
über seine Feinde,
die diese Fehler ausnutzen.

Kurt Tucholsky

Siegel 8
Entwaffne deine Feinde

Wer mächtig ist, hat immer Feinde

»Wo viel Licht ist«, lässt Goethe seinen Götz sagen, »ist starker Schatten.« Er bringt damit auf den Punkt, was wohl in wenigen Bereichen so stark fühlbar ist wie im Umkreis der Macht: Denn wo viel Macht ist, sind auch viele Feinde.
Gegen diese grundlegende Tatsache nützte nicht einmal, dass sich ein Machthabender alle Mühe gäbe, in seinem Führungsstil auf jegliche Gewalt zu verzichten: Einen Menschen, der von allen geliebt wird, kann es einfach nicht geben. Immer wird sich jemand finden, der ihn aus Neid dafür anfeindet, dass ihn sonst jeder mag.

Gegner gehören zur Macht wie der Schatten zum Licht.

Für keinen Mächtigen stellt sich daher die Frage, ob er Feinde hat oder nicht. Jeder hat welche. Worüber es vielmehr nachzudenken gilt, ist: Wie soll er ihnen begegnen? Was soll er mit ihnen tun? Soll er sie einbinden, ignorieren oder gar vernichten? Machen wir uns zum besseren Verständnis noch einmal kurz klar, was Macht eigentlich ist:

Macht ist die Fähigkeit, Menschen nach den eigenen Vorstellungen zu beeinflussen und zu führen. Und noch viel wichtiger: Es ist das Vermögen, diese einzelnen Menschen in einer Gruppe zusammenzubringen, die man als Führender kontrollieren kann.

Bilder von Menschenmassen, die begeistert ihrem Führer zujubeln, lassen nämlich sehr leicht den falschen Eindruck entstehen, diese Menschen wären über den Moment hinaus durch irgendetwas verbunden. Zusammengehalten von der Verehrung für die Ideen ihres Anführers, so könnte man meinen, stehen sie auf ewig geschlossen und bedingungslos hinter ihm.

Natürlich ist das Unsinn. Er beginnt schon damit, dass die meisten Anhänger den Sinn jener Parolen, die sie so eifrig nachrufen, gar nicht verstehen. In Wirklichkeit verehren sie auch nicht die Ansichten des Anführers, sondern alleine das Gefühl, zum Umfeld eines mächtigen Menschen zu gehören. Am schönsten ist das Phänomen bei all den Beamten zu sehen, die im Gefolge von Kanzlern, Ministern und anderen Mächtigen deren Vorstellungen eifrig in Gesetze und Verordnungen umwandeln. Begeistert setzen sie ihr Wissen und Können dafür ein, es dem jeweiligen Machthaber recht zu machen. Dass hier keine politische Überzeugung im Spiel sein kann, zeigt schon die Tatsache, dass sie Kanzler B auch dann mit Inbrunst dienen, wenn dessen politische Ausrichtung das exakte Gegenteil von der seines Vorgängers A ist.

DER EIGENE VORTEIL
IST MÄCHTIGER ALS DIE ÜBERZEUGUNG

Wir dürfen uns nun Macht auch keinesfalls so vorstellen, dass eine Gruppe bewaffneter Menschen einer Gruppe Unbewaffneter gegenübertritt und durch diese Überlegenheit gleichsam automatisch die Kontrolle über diese bekommt. Erstens wäre das Gewalt, und zweitens ist die Tatsache, dass Menschen freiwillig darauf verzichten, sich zu ihrer

Verteidigung zu bewaffnen, nicht die Voraussetzung für Macht, sondern eine Folge davon.

Wer Macht erlangen möchte, tritt zu Beginn einer Unzahl von Individuen gegenüber, die genau genommen nichts miteinander verbindet. Die Aufgabe des künftigen Machthabers ist nun, dafür zu sorgen, dass diese Einzelpersonen unter seiner Anleitung eine Gruppe bilden und ihn zu ihrem Anführer machen.

Ich schreibe das so deutlich, weil hierbei sehr häufig übersehen wird, dass Menschen trotz des Konformitätszwangs der Gruppe auch innerhalb einer Herde Individuen bleiben, die unterschiedlichen Einflüssen ausgesetzt sind.

Und so wie sie sich von ihrem Führer beeinflussen lassen, so manipulierbar sind sie auch von anderen. Keine Meinung ist auf ewig, und alles kann sich von einer Sekunde auf die andere ins genaue Gegenteil verkehren. Wenn der Vorteil beim neuen Führer noch größer ist, wozu dann noch beim alten bleiben?

Menschen sind am Ende nur ihrer eigenen Suche nach Anerkennung solidarisch.

Dass nicht einmal Geld so stark ist wie der Wunsch nach Zuwendung, erkennt man daran, dass auch arme Menschen zu ehrenamtlicher Arbeit bereit sind.

Dieser Umstand hat aber auch eine gefährliche Seite: Wer nur, um Ihnen zu gefallen, einem anderen schadet, der schadet aus der gleichen Motivation auch Ihnen, sobald er von woanders mehr Anerkennung bekommt.

Mit einer gewissen Verwunderung denke ich hier an das Bild vom Ende des italienischen Diktators Benito »Duce« Mussolini, der nach seiner Ermordung zur Abschreckung

167

und Verhöhnung zusätzlich noch mit dem Kopf nach unten an einer Tankstelle aufgehängt wurde. Wo war sie plötzlich, seine lange Zeit so omnipräsente Macht? Wahrscheinlich ist Ihnen aufgefallen, dass viele meiner Beispiele aus der Zeit des Zweiten Weltkriegs stammen. Das hat seinen Grund einerseits darin, dass wenige Machthaber so vorhersehbar und spektakulär am vorsätzlichen Missbrauch ihrer Macht gescheitert sind wie die damalige Führungsschicht. Andererseits eignen sich viele Mächtige der heutigen Zeit nicht als Beispiel, da sie zwar ihre Macht missbrauchen, aber zumindest bis jetzt ungeschoren davongekommen sind. Was wiederum einen Eindruck entstehen lassen könnte, der nicht meine Meinung ist.

Mir geht es auch im konkreten Fall weniger um die Frage einer historischen Entwicklung, sondern alleine um die Tatsache, dass Mussolini die Macht und generell die Existenz seiner Feinde offensichtlich übersehen hat oder nicht wahrhaben wollte. Wie schon gesagt: Am Ende sind Menschen nicht Ansichten oder Ideologien, sondern alleine ihrem eigenen Vorteil treu. Wie anders wäre es sonst zu erklären, dass Richter, die während der Zeit des Nationalsozialismus ihre Urteile ausschließlich im Sinne ihres »Führers« Adolf Hitler gefällt hatten, nach dessen Tod plötzlich auf die Gegenseite wechselten und eifrig ihre ehemaligen Mitstreiter als Nazi-Kollaborateure verurteilten?

Hitler selbst ist ganz nebenbei ein ausgezeichnetes Beispiel für das Erlangen und Verlieren von Macht. Wie konnte jemand zum millionenfachen Mörder werden, ohne selbst je einen Menschen getötet zu haben? Indem er den tatsächlichen Tätern das Gefühl gab, die Verantwortung für ihre Verbrechen zu übernehmen. »Im Namen des Führers ...«

war der geläufige Satz vor der Ausführung unmenschlicher Verbrechen. Aber ist dieser Gedanke »Der Führer hat es ja angeordnet« nicht doch auch ein bisschen sehr billig? Wären die Massen Hitler wohl auch so willig gefolgt, hätte sein Programm nicht »Bereicherung durch Vernichtung«, sondern »respektvoller und friedlicher Umgang mit Mitmenschen und Umwelt« gelautet? Wohl kaum, oder?

Auch wenn wir das gerne glauben möchten, weder tun noch unterlassen Menschen Dinge, weil jemand ihnen etwas anordnet oder verbietet. Sie handeln nur dann auf die eine oder andere Art, wenn eine innere Bereitschaft dazu bereits vorhanden ist.

Ein Befehl oder ein Verbot können diese nur verstärken. Einem Mächtigen bleibt daher nur, diese Bereitschaft seiner Gefolgsleute in seinem Sinn zu nutzen. Er sollte aber dabei niemals vergessen, dass ein Berufskiller den Auftrag, den unliebsamen Konkurrenten zu beseitigen, nicht aus persönlicher Abneigung ausführt. Unter geänderten Voraussetzungen brächte er ihn genauso ins Grab.
Wer seine Macht dazu missbraucht, das Böse im Menschen zu mobilisieren, holt sich damit den schlimmsten Feind ins Haus, den er sich vorstellen kann. Verlieren Sie niemals die Tatsache aus den Augen, dass Menschen, die einen Führer bejubeln, besonders stark manipulierbar sind und daher als potenzielle Gegner keinesfalls unterschätzt werden dürfen.

SCHAFFE EIN »WIR-GEFÜHL«

Wer nach oben kommen und dort auch bleiben möchte, muss sich nicht nur mit der Tatsache anfreunden, dass er

Feinde hat. Er muss vor allem die gewaltfreien Wege kennen, um diese unschädlich zu machen oder, besser noch, für seine Zwecke zu nutzen.

Eine der wirksamsten, im Fall eines Missbrauchs aber auch gefährlichsten Techniken, um Macht über seine Gegner zu erlangen, ist das Schaffen eines Gemeinschaftsgefühls.

Die Idee dahinter ist, eine Gruppe zu schaffen, deren Identität und Ziele Sie vorgeben. Dadurch werden Sie ganz selbstverständlich auch als ihr Vorsteher anerkannt.

Um Ihnen die zerstörerische Kraft dieser Methode gleich am Anfang vor Augen zu führen: Am unteren Ende ihrer Auswirkungen stehen die Fans einer Fußballmannschaft, die sich mit den Anhängen des gegnerischen Clubs handgreifliche Gefechte liefern, weil der eigene Verein verloren hat. Im Großen verhetzt die Gemeinschaftsidee ein ganzes Volk mit aus der Geschichte ausreichend bekannten Folgen. Aber das, wie gesagt, nur zur Warnung. Schließlich muss man nicht ja nicht alles missbrauchen.

Im Grunde nutzt man bei der Anwendung der Gemeinschaftsgefühl-Technik einfach Vorhandenes. In diesem Fall die Tatsache, dass jeder versteht, dass Deutschland Papst, Spanien Fußball-Weltmeister und die EU stark verschuldet ist und dass das niemandem komisch vorkommt.

Worauf ich hinauswill? Dass es umgekehrt jeder lächerlich fände, wenn ich behauptete, Europa hätte das Buch geschrieben, das Sie gerade in Händen halten. So wie aber ich dieses Buch alleine geschrieben habe, betrifft auch das Amt des Papstes nur eine Person, haben elf Spieler und ein Trainer das Finalspiel der Weltmeisterschaft gewonnen und nicht eine ganze Nation. Außerdem kann ich mich nicht erinnern, jemals im Namen der Europäischen Union Schulden gemacht zu haben oder in diesem Zusammenhang um Zustimmung gefragt worden zu sein. Und doch ist Deutschland Papst und Moestl der Buchautor.

Was mich von den anderen unterscheidet? Mein Erfolg ist zu gering, um in anderen das Bedürfnis zu wecken, sich an der möglichen Anerkennung zu beteiligen. Erhielte ich für das vorliegende Buch den Literatur-Nobelpreis, nicht ich, ganz Österreich wäre auf einmal Preisträger. Jeder Bewohner hier fühlte einen ähnlichen Stolz auf sich und diesen Preis, wie viele Deutsche ihn spürten, als sie gedanklich gemeinsam mit Michael Schumacher als Formel-1-Weltmeister auf dem Siegerpodest standen.

Ich bezeichne den Vorgang hinter diesem Phänomen immer als »Anerkennungs-Schmarotzerei«. Die Betroffenen möchten auf etwas stolz sein, zu dem sie keinen Beitrag geleistet haben. »Anerkennungs-Schmarotzerei« findet sich aber nicht nur im Bereich der Prominenz. Sie ist auch der Grund, warum sich international erfolgreiche Unternehmen oft der Bewerber um ein unbezahltes Praktikum kaum erwehren können, während kleine, gut bezahlende Unternehmen bei sonst gleichen Voraussetzungen sich sehr schwertun, überhaupt jemanden zu finden. Offensichtlich macht es einen Unterschied, ob man die gleiche Arbeit als Teil des »größten Konzerns der Welt« oder im Zwei-Mann-Team im Nachbarort macht.

Interessanterweise sind es diese eigentlich sehr nützlichen »Anerkennungs-Schmarotzer«, über die viele Führungskräfte stolpern. Häufig scheint mir, die Führenden könnten

gar nicht oft genug betonen, dass eine Leistung nicht von der sich lobenden Allgemeinheit, sondern alleine von ihnen erbracht worden ist. Zwar ist dieses Verhalten durchaus verständlich. Auch Führungskräfte sind nur Menschen, und wer den größten Teil einer Sache selbst geleistet hat, möchte auch das Lob dafür mit niemandem teilen. Trotz allem ist es sehr ungeschickt und einer Führungskraft eigentlich unwürdig.

Als Manager sind Sie nicht auf diesem Posten, um von Mitarbeitern für Ihre Arbeit gelobt zu werden. Es ist schön, wenn das passiert, sollte aber nicht Ihr Ansporn sein. Das Lob für Ihre Arbeit liegt darin, dass das Unternehmen floriert und die Produkte auf dem Markt Anerkennung finden.

Dass die Idee zu dem tollen neuen Werbeslogan, auf den die Kollegen so stolz sind, eigentlich von Ihnen stammt, ist sogar dann unerheblich, wenn Sie der Chef der Agentur sind. Wenn Ihre Mitarbeiter ohne einen Hinweis darauf nicht wüssten, was sie an Ihnen haben, läuft ohnehin vieles falsch. Selbst dort, wo ein Wir-Gefühl eigentlich so ungerechtfertigt ist wie bei einem Sieg der deutschen Nationalmannschaft.

Wenn es die Mitarbeiter motiviert, Teil Ihres wunderbaren Teams zu sein, kennen Sie einfach die wahren Verhältnisse und stimmen Sie den Träumern lächelnd zu. Wir sind schon ein tolles Team, oder?

DER MACHTMISSBRAUCH DES GEMEINSCHAFTSGEFÜHLS

Interessanterweise funktioniert diese vermeintliche Solidarität in beide Richtungen. Deshalb kann man also, wenngleich dazu meist leichter Druck erforderlich ist, Menschen zu einem kollektiven Fehlerverständnis bringen. Das hat nichts mit erpressten Geständnissen zu tun. Im Gegenteil, die Betroffenen sind tatsächlich der Meinung, etwas falsch gemacht zu haben, und bereit, dafür zu sorgen, dass die Sache wieder in Ordnung kommt.

Tatsächlich ist das häufigste Ziel beim manipulativen Aufbau eines »Wir-Gefühls« nicht das Erlebnis gemeinsamer Freude, sondern die Idee, eine Gruppe für Fehler bezahlen zu lassen, die der Manipulator selbst gemacht oder zumindest verursacht hat.

Seien Sie aber gewarnt: Die Anwendung dieser Technik bringt Sie sehr schnell in einen Bereich des Machtmissbrauchs, dem Sie besser fernbleiben sollten. Natürlich liegt ein solches selbstzerstörerisches Verhalten nicht in der Natur des Menschen. Sie haben wohl kaum jemals jemanden sagen hören: »Heute haben wir Deutschen aber schlecht gespielt!« Im Versagensfall liegt die Schuld standardmäßig bei den anderen.

Daher braucht ein kollektives Fehlergefühl eine geeignete Autoritätsperson, die das Denken der Menschen in die gewünschte Richtung lenkt. Erfahre ich von einer anerkannten Obrigkeit plötzlich, dass »wir« etwas getan haben, von dem ich überhaupt nichts weiß, muss ich meinen Beitrag dazu wohl entweder verpasst oder verdrängt haben. Damit ich nun in der Gruppe nicht unangenehm auffalle, sage ich lieber nichts und ertrage die Konsequenz.

Ein wunderbares Beispiel für den eleganten Missbrauch dieser Technik lieferte vor einiger Zeit der österreichische Finanzminister. Sein Ziel war, der Bevölkerung wieder ein-

mal eine massive Steuererhöhung zu verkaufen, um den viel zu großen Verwaltungsapparat, der selbst in der Zeit der Krise gewachsen statt geschrumpft war, weiterhin finanzieren zu können. Wie kommt man nun in so einem Fall an das Geld der Bürger, ohne dass diese rebellieren? Man erzeugt ein Gefühl der Zusammengehörigkeit.

»Wir Österreicher«, wurde der Minister also in den Medien zitiert, »wir Österreicher haben in der Krise weit über unsere Verhältnisse gelebt. Nun ist es an der Zeit, die Schulden zurückzuzahlen.« Spontan hatte ich, ehrlich gesagt, einen riesigen gemeinsamen Aufschrei der gesamten Bevölkerung erwartet. Hatte doch mit Ausnahme der Banken und mancher sehr großer Firmen niemand in der Krisenzeit besondere Leistungen in Anspruch genommen! Ganz im Gegenteil, die meisten waren bereits vorher gekürzt worden.

Doch ganz offensichtlich hatte ich die Macht des Gemeinschaftsgefühls unterschätzt. Nicht nur blieb der Aufstand aus. Mehr noch, viele Menschen äußerten in Leserbriefen und Online-Foren, aber auch in persönlichen Gesprächen großes Verständnis dafür, dass nach der Zeit des Prassens nun der Augenblick gekommen sei, die Zeche zu bezahlen. Auch wenn niemand so genau wusste, wofür eigentlich.

Der im Grunde sehr simple Trick hinter dieser Manipulation ist die Verwendung des kleinen Wortes »wir«. Durch dieses begibt sich die Obrigkeit scheinbar auf eine Stufe mit ihren Untergebenen. Der Machthaber gibt zu, den Fehler selbst auch gemacht zu haben, und gaukelt vor, selbstverständlich einen Beitrag zur Behebung des Missstandes zu leisten. Die Botschaft ist klar: »Ich bin für euch da, ich will nur euer Bestes, aber da müssen wir jetzt gemeinsam durch.«

Ganz anders sähe die Sache ohne das Zauberwort »Wir«

aus. »SIE, werter Leser, haben in der Krise über Ihre Verhältnisse gelebt. Nun ist es auch für Sie an der Zeit, Ihre Schulden zurückzuzahlen.« Mit großer Wahrscheinlichkeit führt diese Form der Anrede zur ganz konkreten Überlegung, wodurch genau Sie Ihre persönlichen Schulden eigentlich angehäuft haben sollen, und endet völlig unnötigerweise in bösem Widerstand. Besser also, »wir« haben die Schulden gemacht.

Gleichzeitig spricht ein Wir-Gefühl den Herdentrieb im Menschen an. Jeder möchte dazugehören, daher will niemand zurückstehen. Oder verweigern Sie der Aktion »Wir retten die Industrie-Bank!« wirklich die Unterstützung, auch wenn Sie von dieser Bank noch nie etwas gehört haben? Es klingt ja auch um einiges einleuchtender als »Jedem Bürger werden im nächsten Monat zweihundert Euro zusätzlich abgebucht, damit die Industriebank den Managern ihre Milliarden-Boni auszahlen kann«, nicht wahr?

Natürlich sind die Beispiele sehr plakativ. Tatsache ist aber, dass die zu »rettende« Bank nur so lange die »Ihre« ist, wie Sie für deren Verluste aufzukommen haben. Auf die Idee, die Bürger auch am Gewinn zu beteiligen, kämen die verantwortlichen Mächtigen wohl nicht einmal im Vollrausch. Warum sollten sie aber auch? Was die Technik des Machtaufbaus mittels Gemeinschaftsgefühl so stark macht, ist die Tatsache, dass sie, richtig angewendet, ausnahmslos immer funktioniert.

Wie schon gesagt, Menschen wollen Teil einer Gemeinschaft sein, auf die sie stolz sein können. Wenn Ihnen das in Ihrem Unternehmen gelingt, werden Ihre Mitarbeiter freiwillig mehr tun, als Sie von ihnen jemals erbitten würden.

LOBE DEINE FEINDE, UND SIE WERDEN DIR FOLGEN

Aber auch dort, wo es darum geht, jene unter Kontrolle zu bekommen, die eigentlich gegen Sie sind, ist diese Technik unbezahlbar. Als Herdentiere möchten Menschen immer einer Gruppe angehören, die ihnen Schutz und Zuwendung bietet. Alles andere ist ihnen am Ende gleichgültig. Selbst Soldaten würden wohl darauf verzichten, ein Regime in der Heimat zu verteidigen, hätten sie woanders ein gutes, ruhiges Leben.

Der wirkliche Feind Ihrer Truppen sind daher nicht die gegnerischen Soldaten, sondern der Grund, warum diese auf der Gegenseite stehen.

Schaffen Sie die Voraussetzungen,
dass Menschen zu Ihnen gehören wollen.
Dann stehen Ihre Gegner plötzlich
ohne Gefolgschaft da.

Natürlich klingt das jetzt sehr einfach, aber im Grunde genommen ist es das auch. Zumindest, wenn Sie bereit sind, sich Ihre Macht und die mit ihr verbundenen Konsequenzen bewusst zu machen. Das bedeutet, dass Sie in keinem Moment vergessen, was Sie selbst mit dem kleinsten Ausrutscher anrichten können. Sind Sie einmal oben, fahren Sie einen Formel-1-Boliden. Ein einziges Mal bei Tempo dreihundert im Zorn das Lenkrad zu verreißen kann dann das Ende bedeuten.

Ich weiß, Mitarbeiter dürfen nicht zimperlich sein, manchmal hat der Chef eben schlechte Laune. Schließlich trägt er ja auch die ganze Verantwortung. Eine Zeitlang werden Sie mit dieser Einstellung nach außen hin sicher durchkommen. Zumindest wird es auf Sie den Eindruck machen. Untergebene revoltieren sehr lange nicht gegen jemanden, zu dem sie aufschauen.

Eindrucksvoll zu erkennen war das bei Hitlers Generälen, die sogar wider besseres Wissen dessen unsinnige Anordnungen auch dann noch ausführten, als es ihren eigenen Untergang bedeutete. Aber auch wenn Ihre Mitarbeiter Ihre Wutausbrüche und vielleicht sogar Beschimpfungen nach außen hin kommentarlos über sich ergehen lassen: Ein Schaden entsteht. Tief drinnen sind sie gekränkt oder gar verletzt. Der Machthaber ist seine Wut los und geht zur Tagesordnung über. In seinem eben noch loyalen Anhänger aber reift langsam und völlig unbeachtet eine bittere Feindschaft.

Macht verändert Dimensionen. Aussagen, die man dem »kleinen Mann« lächelnd als Spinnerei nachsieht, können bei einem Mächtigen einen Krieg nach sich ziehen. Natürlich sind auch Führungskräfte nicht gegen Zorn und Emotionen gefeit. Aber das ist keine Entschuldigung und ändert nichts an den Auswirkungen.

Wer oben steht, darf niemals vergessen, dass seine Mannschaft auch Erwartungen an ihn hat und ihm weder grund- noch bedingungslos folgt. Der effizienteste Weg, Gegner zu entwaffnen, bleibt daher der, ihnen das Gefühl zu geben, wichtig zu sein. Die Hand, die einen füttert, beißt man nicht, und den Menschen, der dem eigenen Dasein eine Berechtigung gibt, attackiert man nicht.

Eine gute Führungskraft muss somit in der Lage sein, in allem, was ein anderer geleistet hat, etwas Gutes zu finden. Nicht zu erfinden, wohlgemerkt, sondern ehrlich zu erkennen.

Wer grundsätzlich lobt, erwirbt damit noch einen anderen Vorteil: Dort, wo sie einmal wirklich notwendig ist, bekommt auch seine Kritik einen anderen Stellenwert und kann viel schonender dosiert werden. Anders ist es beim notorischen Nörgler, dem man meist gar nicht mehr zuhört. Wer glaubt, er könne andere zu mehr oder besserer Leistung motivieren, indem er ihre Arbeit ständig schlechtmacht, schießt sich in beide Knie und beide Ellenbogen. »Vergiss ihn«, heißt es dann bald, »dem kann man ohnehin nichts recht machen.« Wozu aber sollte man sich dann noch darum bemühen? Vor allem, wenn ohnehin bald beim Mitbewerber mit dem berühmt guten Arbeitsklima eine Stelle frei wird?

»Menschen«, hat der chinesische Philosoph Konfuzius einmal gesagt, »stolpern nicht über Berge, sondern über Maulwurfshügel.« So auch bei der Führung von Menschen. Hier ist der oft übersehene Maulwurfshügel der Geiz bei kleinen Dingen. Selten aus Absicht, meist aus Unachtsamkeit, aber immer mit großer Wirkung.

Niemand erwartet, etwas geschenkt zu bekommen. Aber ans Lächerliche grenzende Knauserei interpretiert fast jeder als mangelndes Interesse an seiner Person oder als fehlende Zuwendung. Und genau das bleibt im Gedächtnis. Ich habe das einmal selbst bei einem großen Unternehmen erlebt, das mich als Mitarbeiter gewinnen wollte. Man bezahlte meine Anreise, übernahm die Kosten für eine ausgezeichnete Unterkunft und hofierte mich auch sonst. Nur das Frühstück, so teilte mir der Rezeptionist am Morgen mit, müsse ich selbst bezahlen. Das Zimmer sei ausdrücklich ohne dieses gebucht worden. Sie mögen jetzt denken, die Sache sei doch lächerlich. Für mich war sie es nicht. In diesem Moment wurde mir schlagartig klar, wie wenig sich dieses Unternehmen in Wirklichkeit für die Bedürfnisse seiner Mitarbeiter interessiert.

Zusätzlich und wohl am Ende noch schlimmer hatte dieser Geiz im Kleinen alle anderen Großzügigkeiten zunichte gemacht, weil gerade er mir im Gedächtnis geblieben ist.

Wenn Sie sich schnell und effizient Feinde schaffen wollen, reicht es oft, wenn Sie gegen eine der wichtigsten Regeln zum Erhalten von Macht verstoßen, die da lautet: Sei großzügig vor allem im Kleinen.

EINIGKEIT MACHT STARK

Im ersten Kapitel haben wir über jenes Land gesprochen, das gegenwärtig als die militärische Weltmacht schlechthin gilt: die Vereinigten Staaten von Amerika. Aber worin liegt ihr Geheimnis? Warum können diese andere Länder angreifen, ohne selbst ernsthaft angegriffen zu werden? Worin liegt die Stärke einer Supermacht?

Die Antwort auf diese Fragen ist ebenso einfach wie erstaunlich: in der Einigkeit ihrer Soldaten. Diese kämpfen miteinander für ein zwar fragliches, aber immerhin gemeinsames Ziel. So hatten auch die Iraker, obwohl sie rein von der Truppenstärke zahlenmäßig überlegen waren und als »Hausherren« auch einen gewissen Heimvorteil hatten, nicht den Funken einer Chance gegen die amerikanischen Soldaten. Diese hatten einen einzigen, gemeinsamen Feind, den auszuschalten sie angetreten waren. Die Iraker hingegen waren, statt mir der Abwehr des Angriffs, hauptsächlich damit beschäftigt, sich gegenseitig zu bekämpfen.

Der tatsächliche Vorteil der Angreifer war nicht ihre
technische Überlegenheit. Es war der bedingungslose Zusammenhalt
beim Erreichen ihres Ziels.

Schon Johann Wolfgang von Goethe hat erkannt, dass Menschen nicht alleine revoltieren. »Entzweie und gebiete!« war sein Rat an die Mächtigen und jene, die es werden wollen. Die Effizienz einer Gruppe kommt aus der geballten Kraft, mit der sie ihrem Ziel entgegenstrebt.

Mobilisieren aber, wie in vielen Teilen der Welt zu sehen ist, die Oberen ihre Truppen nicht gegen einen gemeinsamen Feind, sondern versuchen mit Hilfe der Soldaten die eigene Position gegenüber der Konkurrenz aus den eigenen Reihen gewaltsam zu erhalten, haben Angreifer leichtes Spiel. Wo Anführer damit beschäftigt sind, ihre Stellung anderen gegenüber zu verteidigen, wird zuerst die Kampfkraft der Gruppe geschwächt. Innerhalb kurzer Zeit beginnt sich diese dann selbst zu lähmen, um am Ende gemeinsam mit der Macht der Führungskraft zu verschwinden.

Achte und akzeptiere, so lehrt uns das achte Siegel,
auch deine Feinde. Gib ihnen Zuwendung und Anerkennung und entwaffne sie,
indem du sie mittels eines Wir-Gefühls zu einem Teil einer für dich kämpfenden
Truppe machst. Das ehrliche Gefühl, Teil eines gemeinsamen Ziels,
aber auch Erfolges zu sein, schafft eine Bindung, die stärker ist
als alle deine Gegner zusammen.

DAS SIEGEL IN KÜRZE

- Macht ist die Fähigkeit, einzelne Menschen zu einer Gruppe zusammenzubringen, die man als Führender kontrolliert.
- Auch innerhalb dieser Gruppe bleiben die Menschen von außen manipulierbare Individuen.
- Wenn Sie die Voraussetzungen schaffen, dass Menschen zu Ihnen gehören wollen, stehen Ihre Gegner plötzlich ohne Gefolgschaft da.
- Menschen sind immer auf der Suche nach Anerkennung.
- Die Effizienz einer Gruppe kommt aus der geballten Kraft, mit der sie einem Ziel entgegenstrebt.
- Wer im Kleinen geizig ist, kann sich auch die großen Geschenke ersparen.

DIE GEGNER ERKENNEN UND BESIEGEN

Sind Sie in der Lage, Ihre Feinde zu entwaffnen? Untenstehende Fragen sollen Ihnen dabei helfen.

- ▶ Was ist die größte Stärke Ihrer Gegner?
- ▶ Von wem werden Ihre Mitstreiter noch beeinflusst?
- ▶ Warum bleiben sie dennoch bei Ihnen?
- ▶ Was ist der wichtigste Vorteil, Ihrer Gefolgschaft anzugehören?
- ▶ Fällt es Ihnen leicht, andere zu loben?
- ▶ Von wem werden Sie gerne gelobt?
- ▶ Sind Sie ein beliebter oder ein gefürchteter Kritiker?

*Du sollst niemanden rühmen
vor seinem Ende.*

Jesus Sirach 11,29

Siegel 9
Denke alles zu Ende

Sich nicht von Emotionen leiten lassen

»Wir waren zu dritt und schossen aus der Hüfte, aus einer Entfernung von etwa sieben Metern. Jeder hatte 30 Kugeln, also insgesamt 90 Kugeln [...] Ich hatte kein Mitleid mit ihm und seiner Frau Elena. Alles ging sehr schnell. Ich vermied, den beiden in die Augen zu schauen. Das ist, wie wenn du ein Tier tötest. Bloß kein Blickkontakt.« Was Sie hier lesen, ist nicht das Drehbuch eines billigen Action-Films, sondern der O-Ton des Schützen eines Tötungs-kommandos. Es ist das Ende von zwei der einst mächtigsten Menschen der Welt: Am 25. Dezember 1989 starben Nicolae und Elena Ceauşescu im Kugelhagel eines Hinrichtungskommandos.

Eine schlimme Geschichte, die vor allem eines zeigt: Macht ist kein Spielzeug. Sie gehört ausschließlich in die Hände von Menschen, die bereit sind, ihr Wesen zu verstehen und zu lernen, mit ihr umzugehen. Selten hat die Geschichte so deutlich gezeigt, mit welcher gnadenlosen Härte Macht sich selbst gegen jene richtet, denen sie jahrelang zugetan war.

Beginnen wir aber von vorne. In über zwanzig Jahren Herrschaft hatte das Ehepaar Ceauşescu eine Diktatur errichtet, wie sie nur wenige Länder zuvor gesehen hatten. Immer hatte es der Diktator dabei verstanden, die »richtigen« Personen durch seine Anerkennung an sich zu binden und die »falschen« unschädlich zu machen, indem er sie

gegeneinander ausspielte. Wie alle anderen Diktatoren vergaß auch er nicht, eine Truppe aus ihm vermeintlich besonders untergebenen Elitesoldaten aufzubauen.

Obwohl der selbstherrliche Ceaușescu bei einem Großteil der Bevölkerung verhasst war, schien der selbsternannte »Sohn der Sonne« mit seinem Platz an der Staatsspitze verwachsen zu sein. Nicht einmal nachdem die Umstürze des November 1989 zu großen Veränderungen in der politischen Landschaft Osteuropas geführt hatten, sah es so aus, als würde die Welle der Revolutionen Rumänien erreichen. Doch eine Verkettung verschiedenster Ereignisse führte am Ende auch dort zuerst zu Kundgebungen und schließlich zu Aufständen, die der Diktator anfangs noch mit Hilfe seiner treuen Soldaten blutig niederschlagen konnte. Doch die Unruhen wurden nicht weniger. Im Gegenteil. Sie breiteten sich über das ganze Land aus. Als Demonstrationen die Hauptstadt erreichten, meinte der Diktator handeln zu müssen, wollte er seine Macht nicht verlieren. Um dem Militär noch größere Freiheiten bei der gewaltsamen Bekämpfung der Demonstranten zu geben, verhängte er folglich den Notstand. Dass er damit die rechtliche Grundlage für seine eigene Hinrichtung geschaffen hatte, war ihm wohl in diesem Moment nicht bewusst. Doch schon kurz darauf wendete sich das Blatt, und Ceaușescus treue Soldaten wandten sich seinem ehemaligen Weggefährten zu, den sie für mächtiger hielten. So bildeten das Erschießungskommando, dem er und seine Frau nach kurzem Prozess gegenüberstanden: nicht Angehörige einer fremden Armee, die den Rumänen zu Hilfe geeilt war, sondern jene Männer, die noch wenige Tage zuvor gehorsamst die Anweisungen des Diktators ausgeführt hatten.

Man kann zu dieser Hinrichtung stehen, wie man möchte, Tatsache ist, dass an diesem Tag zwar diejenigen starben, welche die Verantwortung für all die Verbrechen zu übernehmen vorgegeben hatten, die eigentlich Schuldigen hingegen, denen noch das feuchte Blut an den Fingern klebte, kamen ungestraft davon.

Warum ich Sie mit diesem drastischen Beispiel konfrontiere? Weil es mehr als jedes andere zu zeigen vermag, dass Menschen sich nicht wegen irgendwelcher Ideologien oder Anschauungen unterordnen. Sie wenden sich demjenigen zu, den sie gerade für den Mächtigsten halten und von dem sie sich den meisten Schutz erhoffen. Das Beispiel Ceaușescu zeigt uns aber noch etwas anderes: Mit Macht umzugehen erfordert auch die Fähigkeit, die eigenen Emotionen zu kontrollieren.

Die meisten Fehler passieren nämlich nicht in einem Zustand emotionaler Ausgeglichenheit, sondern immer dann, wenn Entscheidungen von persönlichen Gefühlen wie Zorn, Hass oder Angst mitbestimmt werden.

IMMER EINEN SCHRITT VORAUSDENKEN

Auf eine ganz ähnliche Weise manövrieren sich auch Menschen in eine ausweglose Situation, die ohne vorherige Überlegung in einem Anfall von Panik eine Geisel nehmen. Machen Sie sich doch bitte kurz die Mühe und denken Sie darüber nach, wie man als Geiselnehmer eine solche Situation zu seinem Vorteil beenden kann. Mir persönlich ist jedenfalls noch kein Weg eingefallen. Je größer Ihre Macht wird, umso weiter müssen Sie auch vorausdenken.

Nehmen wir zur Illustration einen Ski-Rennläufer. Bevor dieser sich so schnell wie möglich einen Hang hinunterstürzt, besichtigt er in Ruhe die Strecke. Er macht sich die gefährlichen Punkte bewusst, prägt sie sich ein und überlegt sich für jede schwierige Stelle eine Strategie. All das muss er tun, solange er langsam unterwegs ist. Während des Rennens hat er keine Möglichkeit mehr, irgendetwas zu korrigieren. Aufgrund seiner enorm hohen Geschwindigkeit hätte jeder Fehler fatale Auswirkungen.

Genauso verhält es sich auch, wenn Sie Macht erhalten.

Je weiter Sie nach oben kommen, desto genauer müssen Sie darüber nachdenken, zu welchem Ende Ihre Worte und Handlungen führen können.

Lassen Sie sich als Mächtiger niemals, aber wirklich niemals von einer Emotion dazu hinreißen, Dinge zu tun oder zu sagen, die Sie nachher bereuen könnten.

Auch meinen auszubildenden Fotografen sage ich immer, dass Eile der größte Feind eines guten Bildes ist. Das betrifft ganz besonders jenen Bereich, in welchem wir mit Menschen arbeiten: das Porträt. Hier ist nichts einem gelungenen Foto abträglicher als das Einrichten von Licht und Technik im Beisein eines schon nervös wartenden Kunden. Man muss hier, gleichgültig unter welchem Druck man auch zu stehen glaubt, Distanz gewinnen. Ein guter Fotograf bereitet jede Aufnahme in Ruhe alleine vor. Als Erstes muss vor seinem geistigen Auge das Foto entstehen, das am Ende herauskommen soll. Der Kunde sollte möglichst vorteilhaft abgebildet und eventuelle Mängel sollten kaschiert werden. Es ist diese Möglichkeit, etwaige körperliche Fehler mittels Positionierung und gekonnter Lichtsetzung unsichtbar zu machen, die dem Fotografen Macht gibt. Er kann sie aber nur dann sinnvoll nutzen, wenn er sich vom ersten Moment an darüber im Klaren ist, dass er sie hat und wie er sie einsetzen wird. Ansonsten ersetzt er höchstens die »Fehler« des Abzubildenden durch seine eigenen.

So verlockend Macht auch erscheinen mag und so leicht sie auch zu bekommen scheint: Sie um ihrer selbst willen anzustreben halte ich für keine gute Idee. Wer Macht anstrebt, sollte vorher wissen, was er mit ihrer Hilfe erreichen möchte. Was herauskommt, wenn jemand denkt »Juhuu, ich habe Macht! Jetzt lass uns mal schauen, was wir damit anstellen können!« sollte bekannt sein, seit die Manager eines amerikanischen Bankhauses die Weltwirtschaft an den Rand des Ruins gebracht haben: keinesfalls etwas Gutes.

Offensichtlich sind das Träumen von Macht und das Besitzen von Macht zwei verschiedene Paar Schuhe. Sobald man sie nämlich einmal innehat, ist Macht auch immer mit Erwartungen verbunden. Nicht nur von Seiten des Mächtigen, sondern auch seitens derer, die ihn für ihre Ziele missbrauchen möchten. Die Idee des »Marionettenregimes« gab es schon lange, bevor der Ausdruck dafür geläufig wurde. Deshalb sollte man bereits auf alle Eventualitäten vorbereitet sein, bevor man Macht erlangt.

Vergessen Sie nicht, dass Ihre Macht nicht im Geheimen entsteht, sondern dadurch, dass möglichst viele davon wissen und sich von Ihnen Anerkennung erhoffen. Daher werden zum Zeitpunkt Ihrer Machterlangung so viele Menschen mit Wünschen, Hoffnungen und Ideen auf Sie einstürmen, dass Sie wahrscheinlich sehr froh sein werden, sich über manche Dinge schon vorher Gedanken gemacht zu haben.

Menschen, die Macht anstreben, um sie zu nutzen, und solche, die sie nur haben möchten, um sie zu besitzen, sind vergleichbar mit einem Anfänger und einem Könner beim Schachspiel. Der Anfänger ist glücklich, wenn er nur möglichst viele gegnerische Figuren aus dem Feld wirft. Hat er eine Figur eliminiert, überlegt er weiter, wie er die nächste beseitigen kann. Natürlich wird er auf diesem Weg kein Spiel gewinnen, aber das ist auch gar nicht sein Ziel. Er möchte bei seinem Gegner Schaden anrichten, weil ihm das ein Gefühl der Stärke gibt. Ein Könner hingegen hat nur den Sieg vor Augen. Vom ersten Zug an ist seine ganze Strategie nicht auf eine möglichst spektakuläre Zerstörung der gegnerischen Truppen ausgerichtet, sondern ausschließlich darauf, dem gegnerischen König jede Möglichkeit zur Flucht zu nehmen.

Als Sieger, hat ein großer Schachmeister einmal gesagt, verlässt das Spielfeld derjenige, der den einen, den entscheidenden Zug weiter gedacht hat.

FLEXIBEL DEN BALL FLACHHALTEN

In Zusammenhang mit Macht bedeutet etwas zu Ende zu denken aber noch etwas anderes. Es heißt auch, niemals zu vergessen, dass, wenn Sie alleine herrschen, alles, aber auch wirklich alles, was Sie anordnen, auch exakt so umgesetzt wird, wie Sie es vorgeben.

Vielen Machthabern steigt diese Möglichkeit sehr schnell zu Kopf und verführt sie zu einem der größten Fehler, den man in einer Machtposition überhaupt machen kann: Sie schalten ihre Kritiker aus. Wie gesagt, das funktioniert verlockend einfach. Sie definieren die Kriterien, und Ihre Mannen machen die Arbeit. Das müssen ganz nebenbei nicht immer Soldaten sein. Auch Rechtsanwälte und Staatsbeamte erledigen diese Aufgaben mit erschreckender Effizienz. Auch dieses weitverbreitete Verhalten wirkt auf den ersten Blick verständlich. Warum auch sollte sich ein Mächtiger freiwillig mit Menschen umgeben, die ihn kritisieren?

Gerade in Asien wird in vielen Unternehmen der Jubel der Angestellten für den Chef häufig richtiggehend inszeniert. Wer es dort wagt, Fehler, egal wie offensichtlich diese sind, auch nur in einem Nebensatz zu erwähnen, wird umgehend gemobbt oder gar aus dem Betrieb entfernt. In den 1980er Jahren wurde aber auch bei uns dieses Problem in einem weitverbreiteten Witz thematisiert: »Paragraph eins: Der Führer hat immer recht. Paragraph zwei: Sollte der Führer einmal nicht recht haben, tritt automatisch Paragraph eins in Kraft.«

Für viele Menschen, die von Macht träumen, scheint die gehorsame Masse das oberste Ziel zu sein. Wer sich aber in seinen Phantasien von willenlosen Speichelleckern umgeben sieht, hat irgendetwas sehr falsch verstanden und sollte ganz dringend die Finger vom Thema Macht lassen.

Als Mächtiger brauchen Sie nicht Berater, die Ihnen nach dem Mund reden. Sie können auch niemanden brauchen, der Ihnen ständig sagt, wie gut Sie alles machen. Das sollten Sie in dieser Position schon lange selbst wissen. Ganz im Gegenteil.

Wenn Sie ernsthaft an der Spitze bleiben möchten, müssen Sie Ihre Untergebenen darauf trainieren, zwar in Ihrem Sinn, aber dennoch selbst zu denken. Jeder Mitarbeiter muss lernen, Ihre Anweisungen zu filtern und deren Ausführung gegebenenfalls aufzuhalten.

Andernfalls wird sich Ihre Macht schneller gegen Sie wenden, als Sie es überhaupt begreifen können. Sie glauben das nicht? Dann lassen Sie mich ein Beispiel geben.

Stellen Sie sich vor, Sie hätten in den letzten Jahren mit viel Mühe ein großes Unternehmen aufgebaut. Ihre Mitarbeiter sind so loyal, dass sie auch die unsinnigsten Anweisungen ohne viel Überlegung augenblicklich durchführen. Einmal haben Sie einen schlechten Tag. Bei einer Besprechung fühlen Sie sich provoziert und schreien in einem Anfall von Zorn: »Gut, dann sperren wir eben den Laden hier zu!« Sie knallen die Türe zu und verlassen den Raum. Plötzlich beginnt große Betriebsamkeit: Sie sehen, wie die Mitarbeiter beginnen, die Schreibtische abzuräumen und ihre Sachen zu packen. Firmenrechner und Telefonanlage werden heruntergefahren, und die Kunde von der Schließung des Unternehmens verbreitet sich wie ein Lauffeuer.

Sie meinen, ein solches Szenario könne doch so niemals Realität werden? Glauben Sie mir, es wurde. Wie in anderen Regimes auch gehörten in der DDR das Gleichschalten der Bürger und notfalls auch das gewaltsame Unterdrücken von Kritikern zum Programm. Was immer von oben befohlen wurde, die Unteren setzten es ohne Nachfrage im gleichen Augenblick um. In der Befehlskette war niemand vorgesehen, der sich über die Sinnhaftigkeit und die Auswirkungen von Anweisungen Gedanken gemacht hätte.

Im November 1989 sollte Günter Schabowski, damals ein hoher Parteifunktionär, genau diese Praxis bitter bereuen. Als er auf einer Pressekonferenz gefragt wurde, ab wann genau die bis dahin in ihrem eigenen Land eingesperrten DDR-Bürger die Möglichkeit zur Ausreise erhalten sollten, schien er von der Frage überrascht. Schließlich gab er die folgenschwere Antwort: »Das tritt nach meiner Kenntnis … ist das sofort, unverzüglich.« Die Aussage war seinen Untergebenen Befehl. Achtundzwanzig Minuten später meldete eine italienische Nachrichtenagentur den Fall der Berliner Mauer und damit das Ende einer vierzig Jahre andauernden Herrschaft.

Um kein Missverständnis aufkommen zu lassen: Es geht hier nicht um die Frage, ob ich den Untergang der DDR befürworte oder beweine. Ich möchte ausschließlich demonstrieren, wie durch das systematische Ausschalten aller Kritiker ein kleiner, unbedeutender Fehler selbst einen ganzen Überwachungsstaat zu Fall bringen kann. In wohl nur wenigen Staaten dieser Erde wurden die Befehle der Mächtigen selbst dann dermaßen unreflektiert ausgeführt, wenn sie zwangsläufig das Ende der Ausführenden nach sich zogen. Kritiker hätten die Entwicklung wohl umgehend mit der Frage aufgehalten, ob man eine im Rahmen einer Pressekonferenz getätigte Aussage überhaupt als Befehl anzusehen hätte …

STRATEGISCH EINEN NACHFOLGER AUFBAUEN

Ihre Wurzel in persönlicher Eitelkeit hat auch die Weigerung vieler Mächtiger, ihre Macht selbst nur scheinbar zu teilen. Ich bleibe dabei, dass man Macht genauso wenig teilen kann wie Verantwortung, aber manchmal sollte man zumindest so tun.

Dennoch sind viele Mächtige durch absolut nichts dazu zu bewegen, einen Stellvertreter oder gar einen Nachfolger aufzubauen. Was, so nämlich die ängstliche Überlegung, tue ich, wenn jener dann in einen Machtrausch verfällt und

versucht, mich von meiner Position zu verdrängen? Was, wenn er mit seinen Ideen bei meinen Untergebenen besser ankommt als ich und diese mich daher absetzen? Dann, so viel kann ich Ihnen dazu sagen, haben Sie als Machthaber-der etwas komplett falsch gemacht.

Menschen achten Sie nicht dafür, wer, sondern alleine dafür, wie Sie sind.

Aus Angst keinen Stellvertreter zu haben ist aber nicht nur dumm, sondern unter Umständen sogar gefährlich.
Wirklich deutlich wurde mir die Problematik, als ich vor einiger Zeit die Frankfurter Buchmesse besuchte. Es war Eröffnungstag und so waren auch die Geschäftsführer aller deutschen Verlage persönlich anwesend. Verzeihen Sie mir den eigenartigen Gedanken, aber einige zeitgleich gezün-dete Bomben hätten damals ausgereicht, um die deutsche Verlagsbranche kopflos zu machen und für lange Zeit lahm-zulegen. Wie viele Verleger, habe ich mir damals überlegt, haben einen Nachfolger aufgebaut, der von einer Sekunde auf die andere übernehmen könnte, falls ihnen etwas pas-siert? Wahrscheinlich nur sehr, sehr wenige …
Nun mögen Sie sagen, was soll es, nach mir die Sintflut! Was mit dem Unternehmen passiert, wenn ich einmal tot bin, ist mir genau genommen egal. Alles klar. Aber muss man denn immer gleich sterben? Lassen Sie uns doch einmal über-legen, was passieren könnte, wenn Sie als der oberste Boss eines Unternehmens nicht für immer, sondern nur vorüber-gehend ausfallen. Sei es, weil Sie bei einer Expedition auf unbestimmte Zeit in einer Gegend hängenbleiben, in der es weder Mobilfunknetz noch Internet gibt, sei es, weil Sie einen Verkehrsunfall hatten und im Koma liegen.

Haben Sie dann nicht im Voneherein jemanden bestimmt, der in solchen Situationen das Ruder übernimmt, entbrennt innerhalb kürzester Zeit in Ihrer Firma ein Kampf um die Nachfolge. Der Schaden entsteht aber nicht alleine dadurch, dass dieser Streit die gesamte Produktion zum Stillstand bringt. Das Unternehmen ist auch gelähmt, weil es keine Richtung mehr hat. Auf wen sollen denn die Mitarbeiter jetzt hören?

In der Kriegsführung kennt und nutzt man das bewusste Herbeiführen solcher Situationen schon lange. Jeder Scharfschütze versucht zuallererst den Kommandanten auszuschalten, in dem Wissen, dass eine führerlose Gruppe kampfunfähig und wehrlos ist.

Lassen Sie uns aber die Sache mit der Firma weiterdenken. Nach einiger Zeit findet auch Ihre Expedition ein glückliches Ende, oder Sie erwachen aus dem Koma und kehren in Ihr Unternehmen zurück. Hier sitzt aber mittlerweile bereits ein anderer auf Ihrem Stuhl. Er hat sich das mühsam erkämpft und mit Sicherheit wenig Interesse daran, diesen Platz wieder herzugeben. Für Sie ist die einmal verlorene Macht wohl für immer verloren.

Nehmen wir nun an, Sie hätten als Chef vorausblickend für genau einen solchen Fall einen Stellvertreter bestimmt und dies auch im gesamten Unternehmen kundgetan. In dem Augenblick, in dem Sie als Oberster ausfallen, übernimmt nahtlos Ihr Nachfolger die Betreuung der Firma. Das Leben geht ohne die kleinste Unterbrechung weiter. Kommen Sie nun wieder zurück, wird Ihr Untertan freudig vor Ihnen salutieren, sich Lob abholen und Macht und Verantwortung ohne Überlegung an Sie zurückgeben.

Interessante Bestätigungen für die Tatsache, dass auch

»professionelle« Machthaber durchaus an ihre Nachfolge denken, finden wir nicht nur in allen großen Monarchien. Auch wenn Nordkorea sonst alles andere als ein Vorzeigestaat ist, von Macht scheint man dort etwas zu verstehen. Um jegliche Nachfolgediskussion im Fall eines krankheitsbedingten Rücktritts oder Ablebens von vornherein zu unterbinden, ernannte der »amtierende« Diktator Kim Jong Il seinen Sohn vor kurzem zum General und stellte ihn der Bevölkerung als seinen offiziellen Nachfolger vor.

Aber wie gesagt, nicht alle scheinen zu verstehen, welche Folgen der Verzicht auf das rechtzeitige Einsetzen eines Nachfolgers haben kann. Ein Beispiel, welches die gefährlichen Auswirkungen eines plötzlichen Wegfalls einer Machtstruktur zeigt, finden wir im Irak. Hier bestand, meiner Meinung nach, einer der größten Fehler der westlichen Kriegsmächte darin, den bösen Herrscher zu eliminieren, ohne vorher einen passenden Nachfolger aufgebaut zu haben. Was sollte dabei herauskommen?

Es ist viel einfacher, ein Machtsystem durch ein anderes zu ersetzen, als aus einem Machtvakuum heraus ein neues Machtsystem aufzubauen.

Genau diese Situation erzeugten aber Amerikaner und Briten im Irak. So wurde aus einem zumindest berechenbaren Mörderregime ein unberechenbares.

Auch Nicolae und Elena Ceauşescu hatten keinen wirklichen Nachfolger aufgebaut. Wären die beiden einmal tot, so die unter anderem zu ihrer Hinrichtung führende Überlegung der Aufständischen, hätten ihre Getreuen auch niemanden mehr, für den es sich zu kämpfen lohnte. Gleichzeitig wurden aber mit gerade diesen Mördern die eigentlichen Feinde des Volkes ganz bewusst am Leben gelassen, die zu einem großen Teil ungestraft davonkamen. Das aber schien, wie schon so oft in der Geschichte, niemanden zu stören.

Der Volkszorn hatte sein Opfer bekommen und war damit verraucht. Wer wollte da noch mehr? Das Gefährliche an dieser immer wiederkehrenden Spielart des »Sündenbock-Prinzips« ist die Selbstverständlichkeit, mit der sie mittlerweile angewendet wird.

> *Ein Mächtiger, das kann man wieder und wieder sehen, wird gefeiert, solange alles glattläuft. Wehe aber, er verliert seine Macht. Dann wird er zum Sündenbock für alles, was andere in seinem Namen getan haben – gleich, ob er davon überhaupt gewusst hat oder nicht.*

Ich weiß schon, dass nach einer weitverbreiteten Ansicht jeder Mächtige zumindest Mitverantwortung für alles hat, was »seine« Leute tun. Zumindest dann, wenn die Masse derer, die von dieser Einstellung profitieren, groß genug ist. Wäre es immer so, müsste man sich schon fragen, warum die Eltern eines Mörders nicht gemeinsam mit diesem bestraft werden? Und warum versteht dann ein Finanzbeamter, der ja selbst »nur Weisungen ausführt«, umgekehrt so überhaupt nicht, wenn meine Mutter mich anweist, keine Steuern zu zahlen?

»Unwissenheit«, so heißt es dann plötzlich, »schützt vor Strafe nicht.« Hier und selbst bei einem Mörder möchte man plötzlich sehr wohl erkennen, dass auch trotz schwierigster Kindheit ein erwachsener Mensch für sein Handeln selbst verantwortlich ist.

Ob es sich um eine kleine Firmen- oder um eine große Staatspleite handelt: Wo immer Menschen vorgeblich auf Anordnung eines Mächtigen Verbrechen begehen, werden sie sich im Fall eines Fehlschlages hinter diesem verstecken. Wehren sie doch damit zwei Fronten ab: Zum einen ist die Meute zufrieden, die nicht den wirklich Schuldigen finden, sondern voller Neid den Mächtigen fallen sehen möchte. Zum anderen können die eigentlichen Täter ganz in Ruhe unter dem nächsten Herrscher weiteragieren.

Warum ich Ihnen das alles erzähle? Weil der Mächtige, der im Fall des Falles geopfert wird, jederzeit auch Sie sein können. Gerade in der Führungspraxis glaube ich daher, dass ein Chef, dem man gefallen möchte, immer besser ist als einer, den man fürchtet. Geliebt zu werden alleine macht Sie nicht unangreifbar. Aber es erhöht Ihre Chance, auch nach dem Ende noch gerühmt zu werden.

Bedenke, so lehrt uns das neunte Siegel, bei allem, was du tust, das Ende.
Handle weder aus Emotion noch aus Eitelkeit, erkenne den Wert deiner Kritiker,
und teile deine Macht zumindest scheinbar mit einem, der dich dann,
wenn du schwach bist, in deinem Sinn vertreten kann.

DAS SIEGEL IN KÜRZE

- Wer Macht will, muss bereit sein, ihr Wesen zu verstehen und zu lernen, mit ihr umzugehen.
- Bevor Sie sich auf eine Situation einlassen, sollten Sie unbedingt bereits wissen, wie Sie wieder herauskommen.
- Wer seine Kritiker ausschaltet, zerstört sich damit ein lebensrettendes Auffangnetz.
- Geht einmal etwas schief, will die Masse die Mächtigen und nicht die Schuldigen fallen sehen.

HABEN SIE IHR ZIEL BIS ZUM ENDE GEDACHT?

Welche Fehler der Vergangenheit könnten Sie in der Zukunft einholen? Folgende Fragen sollen Ihnen bei der Bewusstmachung helfen.

- Wer denkt, dass Sie für seine Handlungen die Verantwortung übernehmen? Warum?
- Wer hat Interesse daran, Sie fallen zu sehen?
- Wer ist Ihr Nachfolger?
- Könnte er ab sofort Ihren Posten übernehmen?
- Sind Sie eher eitel oder emotional?
- Wer sind Ihre wichtigsten Kritiker?
- Welche Befugnisse haben diese?

Die Revolution
frisst ihre Kinder.

Maximilien de Robespierre

Siegel 10
Lerne, Maß zu halten

Die Gier der Unersättlichen

Im fünften Kapitel habe ich geschrieben, dass Macht viele Gemeinsamkeiten mit Geld hat. Zu den herausragenden Eigenschaften beider zählt aber nicht nur die Tatsache, dass sie ihren Wert erst im Verhältnis zu dem preisgeben, was ein anderer hat. Viel mehr noch sind sie dadurch verbunden, dass Menschen von beiden offensichtlich nicht genug bekommen können.

Wer einmal das vermeintliche Paradies erblickt hat, welches Geld oder Macht ihm bieten können, kennt plötzlich kein Halten mehr. Infiziert von Macht- oder Geldgier, gibt es nur noch ein Ziel: Ich möchte mehr, mehr und noch einmal mehr. Warum sich mit einer Milliarde zufriedengeben, wenn man auch fünf haben kann? Oder sogar zehn?

Waren die ursprünglichen Ziele der Geldanhäufung, sich ein sorgenfreies, gemütliches Leben zu schaffen und die damit verbundene Anerkennung zu genießen, verkommt das Sammeln von Macht und Besitz in diesem Moment zum Selbstzweck. Jeder möchte in diesem Augenblick alles und noch viel mehr haben, getrieben von dem unerschütterlichen Glauben, so für später ausgesorgt zu haben.

Dabei vergisst man völlig, was die Geschichte lehrt. Natürlich gab es die große Geldentwertung am Anfang des zwanzigsten Jahrhunderts während der Weimarer Republik. Jeder kennt Geschichten von Menschen, die damals

alles verloren hatten, gleichsam vom Millionär zum Tellerwäscher wurden, nur weil sie nicht hatten erkennen wollen,
dass Vorsorge nicht gleichbedeutend mit unkontrolliertem
Anhäufen ist. Selbst die große »Finanzkrise« in den letzten
Jahren ist vorbeigegangen, ohne dass irgendjemand die
längst überfällige Lektion daraus gelernt hätte: Ein auf
Gier und Illusion errichtetes Kartenhaus bricht zwangsläufig und schlagartig zusammen. Wie soeben noch zu Un-
summen gehandelte Schuldscheine, die plötzlich niemand
mehr haben möchte, ist auch der Wert selbst der größten
Macht von einer Sekunde auf die andere dahin. Egal, wie
viel Sie eben noch davon hatten.

*Macht definiert sich über Qualität, nicht über Menge. Sie wird nicht
schleichend weniger, sondern bringt den, der noch am Morgen die Welt
beherrschte, am Abend an den Galgen. Das war immer so und das wird
immer so sein. Maßlosigkeit und Macht vertragen sich nicht.*

In der Finanzwelt wird diese hartnäckige Weigerung,
die Wahrheit zu sehen, durch eine weitere Parallele zur
Macht unterstützt: Geht einmal etwas dermaßen schief,
dass der Zorn des betrogenen Volkes nur noch durch Men-
schenopfer zu besänftigen zu sein scheint, schlachtet man
schnellstmöglich die vorbereiteten Sündenböcke und präsentiert deren Köpfe der aufgebrachten Meute als Trophäe.
Oder denken Sie ernsthaft, dass ein Bankvorstand wirklich
alle Fehler, die in seinem Einflussbereich zu einer Katastrophe führen, selbst verschuldet und sonst niemand etwas dafür kann? Wird das Problem aber öffentlich, bezahlt alleine
er die Rechnung. Jene hingegen, welche es mit eigenen
Händen herbeigeführt haben, müssen ihre Tätigkeit nicht

einmal unterbrechen. In aller Ruhe können sie mit unver-
änderter Gier jene Ziele weiterverfolgen, die sie soeben fast
um ihre Existenz gebracht hätten. Es ist ja ohnehin alles
gutgegangen.

Stellt sich nur eine Frage: Wie und warum wird jemand zu
so einem Sündenbock? Was haben Cäsar, Hitler, Mussolini,
Ceauşescu, Honecker und die wenigen tatsächlich verurteilten Bankmanager gemeinsam? Warum wurden unter
Hunderttausenden Verbrechern ausgerechnet sie als Sündenböcke auserkoren? Weil sie sich, so die einfache Antwort, aus persönlicher Eitelkeit zu weit aus dem Fenster
gelehnt und ihre Macht missbraucht hatten, um anderen zu
gefallen. Siege aber, Sie erinnern sich, erringt das ganze
Volk, Niederlagen hingegen nur derjenige, der es in diese
geführt hat.

MACHT HEISST, CHANCEN ZUR VERÄNDERUNG ZU NUTZEN

Ganz allgemein scheinen Menschen, die sehr schnell, unerwartet oder ungerechtfertigt zu viel Macht oder Geld gekommen sind, nicht nur die Kontrolle über ihr Verhalten,
sondern auch das Augenmaß zu verlieren.

Der Krug, so sagt ein altes Sprichwort, geht so lange zum
Brunnen, bis er bricht. Selbst Bankräuber, die bei einem lan-
ge geplanten und mit größter Besonnenheit durchgeführten
Coup eine riesige Menge Geld erbeuten und die Polizei eine
Ewigkeit an der Nase herumführen, verlieren meist am
Ende alles wieder. Was nützen schließlich der genialste
Bankraub und alles Geld der Welt, wenn niemand davon
weiß? Auch Bankräuber sind nur Menschen, die Zuwen-
dung brauchen. Diese bekommen sie, indem sie entweder

mit ihrer Beute oder mit ihren Taten vor beeindruckten Zuhörern prahlen – die dann allerdings selbst wiederum mit ihrem Wissen auf sich aufmerksam machen wollen …

Oft habe ich das Gefühl, dass Menschen, die die Fähigkeit besitzen, etwas Großes zu vollbringen, trotz aller technischen Genialität oft fast zwangsläufig daran scheitern, dass sie nicht in der Lage sind, mit der so plötzlich erlangten Macht und den damit verbundenen Konsequenzen umzugehen. Ich erzähle Ihnen das alles, um Sie auf einen sehr wichtigen Punkt aufmerksam zu machen: Der einzige Zweck von Macht ist die Möglichkeit der Veränderung.

Niemals darf Macht dazu missbraucht werden,
sich persönliche Befriedigung zu verschaffen.

Wer Macht nicht nur erlangen, sondern auch langfristig behalten möchte, muss sie in ihrer ganzen Dimension begreifen. Das bedeutet, wie schon gesagt, vor allem zu akzeptieren, dass ausnahmslos alles, was Sie als Mächtiger mit dem nötigen Nachdruck anschaffen, auch gemäß Ihrer Anweisung umgesetzt wird. Für Ihre Mitarbeiter spielt es absolut keine Rolle, ob eine Anordnung aus Überlegung, Zorn, Schlafmangel oder Übermut entspringt.

Besonders drastisch zu sehen ist diese Tatsache am Beispiel der Gefolgschaft des Diktators Pol Pot. Als dessen »Rote Khmer«, eine Gruppe ungebildeter Halbwüchsiger, in Kambodscha als Folge des Vietnamkrieges an die Macht kamen, begann für die dortige Bevölkerung der blanke Horror. Jeder konnte als »Schmarotzer« verhaftet werden, wenn er nur eine Ausbildung hatte, einer Fremdsprache mächtig war oder einfach eine Brille trug. Wer aber einmal in die Fänge von Pol Pots Henkern geraten war, für den gab es kein Entkommen mehr.

Grundlage für den Mord an über zwei Millionen Menschen war auch hier ein System, welches sich die Obrigkeitshörigkeit seiner Untergebenen mit einer noch nie da gewesen Effizienz zunutze machte. Unmittelbar nach seiner Festnahme wurde der Delinquent in eines der Sicherheitsgefängnisse gebracht und dort so lange gefoltert, bis er ein Geständnis unterschrieb. Auf dessen Basis erfolgte dann das Todesurteil, das von jenen, die Ankläger, Richter und Henker in einem waren, auch unmittelbar darauf vollstreckt wurde.

Bis hierher ist diese Art von Machtmissbrauch nichts Neues. Die Besonderheit lag aber in der Methode, mit der bis dahin unbescholtene junge Menschen zu bestialischen Folterknechten und Mördern gemacht wurden.

»Für uns war ganz klar, dass diese Menschen ein Verbrechen begangen hatten«, sagte viel später einer von ihnen in einem Interview. »Sonst hätte die Partei sie ja nicht festnehmen lassen. Für uns war klar, die Partei macht keine Fehler. Niemand wird festgenommen, wenn er nichts getan hat. Unsere Aufgabe war es, herauszufinden, was genau der Betreffende verbrochen hatte, und ihn dann zum Schutz der Partei unschädlich zu machen.«

Diese Prozesse gegen die »Feinde des Systems« waren übrigens keine Schauprozesse, sondern vielmehr das Ergebnis tiefster innerer Überzeugung. Schließlich macht ein Schauprozess recht wenig Sinn, wenn keiner von ihm erfährt. Auch hätte wohl jeder Beobachter am Verstand von »Bruder Nr. 1« Pol Pot und seiner Mitbrüder gezweifelt. Eine der häufigsten Begründungen für Todesurteile nämlich

waren Geständnisse, in denen der Angeklagte auf Druck der Folter aussagte, er hätte »vorgehabt, im Dienst einzuschlafen«. So lächerlich das auch scheinen mag: Für ein Todesurteil reichte es aus.

MACHT KENNT NUR DIE EIGENE MORAL

Wir hatten dieses Thema schon, ich weiß. Was wir aber noch nicht hatten, ist, dass Sie am Ende für alles, was unter Ihrer Anweisung passiert, auch die Verantwortung tragen. Das hat nichts mit »Gutmenschentum« zu tun und auch nichts mit »Moral«. Kann es gar nicht. Das Wort »Moral« hat seinen Ursprung im lateinischen »moralis« und bedeutet »die Sitte betreffend«. Keine Rede also von gut oder schlecht.

Vielmehr ist eine Sache moralisch richtig, wenn eine Mehrheit sie als moralisch richtig anerkennt, und moralisch falsch, wenn sie von einer Mehrheit abgelehnt wird.

Während zum Beispiel Christen überhaupt kein Problem damit haben, das Fleisch von Schweinen zu essen, halten Muslime und Juden es für ein Vergehen.

Wären Sie in einem Kannibalenstamm aufgewachsen, hätten Sie mit dem Töten von Menschen genauso wenig ein Gewissensproblem, wie es ein Soldat oder ein Berufskiller hat.

Moral ist keine allgemeingültige, für jeden verbindliche Antwort auf die Frage, was richtig und was falsch ist. So etwas gibt es nicht. Daher können auch weder Macht selbst noch ihre Ausübung moralisch oder unmoralisch sein, da jede Sitte selbst wiederum alleine durch Macht entsteht.

Es ist eine Tatsache, dass Mächtige ihren Untergebenen vorgeben, was diese für vertretbar halten und was sie verurteilen sollen. Das mag jetzt eigenartig klingen, erklärt sich aber dadurch, dass Menschen sich ja gerade deshalb einer Macht unterordnen, damit diese ihnen Orientierung gibt.

Das Heikle ist nun, dass Sie als Machthaber für jene, die Ihnen vertrauen, oberste Instanz und damit auch deren Gewissen sind. Menschen wollen nicht vorrangig sich selbst, sondern vielmehr jenen gefallen, die sie sich zum Maßstab nehmen. Wenn Sie nun als ein Mächtiger etwas für richtig befinden, muss das wohl auch richtig sein. Wenn Sie als Machthaber das nicht wissen, wer dann? Gleichzeitig aber, und das ist das Prekäre, fehlt jenen, die Ihnen folgen, jede Möglichkeit der Kontrolle. Ein angeborenes Gewissen, das helfen könnte, gibt es nicht, da die Natur weder Gut noch Böse kennt. Andererseits kann aber auch niemand wirklich schlüssig erklären, warum man in unserem Kulturkreis zwar Tiere töten darf, Menschen aber nicht.

Wie von vielen Kriegsherren eindrucksvoll bewiesen wurde, liegt die Grenze der Moral auch Ihrer Mannschaft genau dort, wo Sie als Machthaber diese ziehen. Eine manchmal unbequeme Wahrheit, ich weiß. Umgekehrt nämlich entbindet Sie das Fehlen einer verbindlichen Bewertungsgrundlage nicht der Verantwortung für Ihren Umgang mit Macht. Zwar sind Sie als Mächtiger keiner Moral verpflichtet, sehr wohl aber Ihrem Erfolg. So stark es auch oft den Anschein hat, Macht ist keine Einbahnstraße von oben nach unten.

Im Gegensatz zur Gewalt beruht Macht auf Gegenseitigkeit.

Nur ganz wenige Menschen geben aus ehrlicher Selbst-losigkeit. Wer sich Ihrer Weisung unterstellt, hat im Ge-genzug Erwartungen an Sie als Person oder an Ihren Führungsstil. Sobald Ihr Gegenüber erkennt, dass Sie nicht bereit oder in der Lage sind, diese Erwartungen zu erfüllen, geht es wieder auf die Suche. Für Sie ist die Unterstützung möglicherweise für immer verloren.

Besonders häufig zu beobachten ist dieses Problem bei Firmen, die vermeintlich auf eine Ware oder Dienstleistung ein Monopol haben. »Wenn es dem Kunden nicht passt«, so glaubt man dann die Oberen sagen zu hören, »muss er ja nicht bei uns kaufen. Soll der doch schauen, wo er die Sa-chen herbekommt.« Damit haben sie zumindest so lange recht, wie es keine Alternative gibt.

AUFSCHAUEN, ABER NICHT VON OBEN HERABBLICKEN

»Ein König«, hat Aristoteles einmal gesagt, »der die Un-terstützung seiner Bürger verliert, ist kein König mehr.« Verstehen Sie das jetzt nicht falsch. Macht hat nichts mit Unterwürfigkeit tun. Ganz im Gegenteil! Ich bin aber auch ein großer Gegner des Führens auf Augenhöhe.

Ein Chef muss seinen Mitarbeitern Respekt entgegenbringen können, aber er muss ein Chef sein und kein Kumpel. Wäre er in der gleichen Position, wäre er Kollege und nicht Chef.

Die Untergebenen haben aber entschieden, sich ihm unter-zuordnen, weil ihnen das Sicherheit und Stabilität gibt. Sie wollen nicht ihresgleichen, sondern jemanden, zu dem sie aufschauen können. Das Gegenteil von »auf Augenhöhe«

ist aber nicht »von oben herab«. Das ist eine menschliche Schwäche und hat nichts mit Führen zu tun.

Ein altes Marktgesetz besagt, dass jemand, der Geld machen möchte, auch danach aussehen muss, Geld zu haben. Wer den Eindruck macht, sich nicht einmal ordentliche Kleidung leisten zu können, kann nach Meinung der Masse in seinem Gebiet auch nicht sonderlich erfolgreich sein. Wenn zum Beispiel der Versicherungsmakler Sie in einem heruntergekommenen Kellerlokal empfängt, können seine Angebote noch so gut sein: Er wird Sie kaum als Kunde gewinnen können. Aber warum eigentlich? Weil wir alle auch gerne aufblicken.

Auch sind Menschen entgegen einer weitverbreiteten Annahme nicht grundsätzlich neidisch auf Reichtum. Nicht einmal dann, wenn dieser offen zur Schau gestellt wird. Solange diejenigen, die ihr Geld im Verkauf gemacht haben, zumindest nach außen hin halbwegs bescheiden bleiben, scheint hier ganz im Gegenteil ein gewisses »Wir-Gefühl« einzusetzen. Es ist der Stolz, vermeintlich selbst zu diesem Erfolg beigetragen zu haben und damit ein Teil von diesem zu sein.

Das lässt sich beispielsweise daran sehen, dass die Gründer und Besitzer sehr erfolgreicher amerikanischer Unternehmen ihren Reichtum nicht verbergen, sondern diesen wo möglich öffentlich bekannt machen. Würden Menschen grundsätzlich keinem anderen großen Wohlstand zugestehen, dürften sie spätestens ab dem Moment, in dem sie erfahren, dass der Firmenchef förmlich in Geld schwimmt, nicht mehr bei diesem Unternehmen einkaufen. Schließlich tragen sie damit dazu bei, dass der Besitz des Eigentümers weiter wächst.

Missgunst entsteht aber nicht durch Eigentum,
sondern durch Übertreibung und Maßlosigkeit.

Jeder möchte zwar gerne Teil eines erfolgreichen Unternehmens sein. Aber niemand, der selbst knapp gehalten wird, ist bereit, mit vollem Einsatz für den zehnten Rolls-Royce des Inhabers zu arbeiten – vor allem nicht, wenn dieser ständig damit angibt, gerade irgendwo in der Sonne zu liegen. Genauso wenig will man aber für jemanden tätig sein, der sich nicht einmal ein neues Auto leisten kann. In der Fähigkeit, diesen schmalen Grat zu finden und ohne Wanken zu begehen, liegt die wahre Kunst der Macht.

»VERTRAUE, ABER KONTROLLIERE«

Interessanterweise sind selbst mächtige Menschen nicht davor gefeit, zu glauben, auf Bestätigung durch andere angewiesen zu sein. Je höher gestellt dieser »Ratgeber« ist, desto beruhigender für das Gewissen, gegen das der Ratsuchende gerade handelt. In dem Fall, dass der Zitierte einmal nicht genau das gesagt hat, was man bestätigt haben möchte, nimmt man die Worte, verdreht sie und legt sie ihm zurück in den Mund.

Zu den berühmtesten Opfern der »Anpassen-statt-annehmen-Technik« zählt Wladimir Lenin. »Vertrauen«, soll dieser einmal gesagt haben, »ist gut. Kontrolle ist besser.« Das hat er aber nicht. Seine wahren Worte »Vertraue, aber kontrolliere!« waren allerdings nicht mit der Misstrauenskultur vieler Führungskräfte in Einklang zu bringen und mussten folglich zum Zwecke der Bestätigung verformt werden. Abgesehen davon, dass Lenin kein Stern am Himmel der Macht war: Diese Umformung zeigt das wahre Gesicht all derer, die in ihr eine Bestätigung für ihre eigenen Fehler suchen.

Ganz allgemein scheint sich auf manchen Führungsebenen die Ansicht durchgesetzt zu haben, dass demonstrativ zur Schau gestelltes Misstrauen in die Qualität der Arbeit der Mitarbeiter die eigene Macht stärkt. Wer das glauben möchte, findet im unrühmlichen und plötzlichen Ende Nazideutschlands, der DDR und vieler anderer Überwachungsstaaten einen leuchtenden Beweis für das Gegenteil. So groß hätte in keinem dieser Länder der Bespitzelungsapparat sein können, dass er in der Lage gewesen wäre, den durch schlechtes Management verursachten Untergang aufzuhalten.

Besonders bemerkenswert finde ich an der Frage, ob man seinen Mitarbeitern Vertrauen entgegenbringen soll, allerdings die Tatsache, dass Misstrauen keine grundsätzliche menschliche Eigenschaft ist.

Generell hat die Natur ihre Wesen, darunter auch Führungskräfte, auf Vertrauen programmiert. So überprüfen Sie weder in einem Lokal, ob Teller und Besteck ordentlich abgewaschen sind, noch lassen Sie die in der Werkstatt gewechselten Bremsen von einem zweiten Fachmann gegenchecken. Und das, obwohl es im zweiten Fall um Leben und Tod gehen kann. Warum also wollen Sie ausgerechnet jene kontrollieren, die Ihnen mit ihrer Unterordnung bereits einen so großen Vertrauensbeweis geliefert haben?

Wer glaubt, seinen Mitarbeitern misstrauen zu müssen, misstraut meiner Meinung nach in Wirklichkeit seiner eigenen Fähigkeit zur Führung.

DIE KUNST DER SELBSTDISZIPLIN

Immer wieder werde ich gefragt, welche Eigenschaften ich bei einem erfolgreichen Machthaber für die wichtigsten halte. »Selbstbeherrschung«, antworte ich dann, »und die Fähigkeit, die eigenen Emotionen zu kontrollieren.«

Überlegt man einmal unvoreingenommen, woran die meisten Mächtigen letztendlich gescheitert sind, offenbaren sich erstaunliche Parallelen. Fast alle sind sie einem Machtrausch verfallen und haben gedacht, für sie gäbe es keine Grenzen. Ein glänzendes Beispiel dafür, wie unkontrollierte Gier sehr plötzlich in den Untergang führen kann, lieferten vor einiger Zeit die Präsidentenwahlen in einem Land am Persischen Golf. Gewonnen hatte diese der Kandidat jener Partei, die nicht nur als die unbeliebteste gegolten, sondern ihren »Erdrutschsieg« auch noch vorausgesagt hatte.

Ihr Sieg wäre naturgemäß verdächtig gewesen. Er hätte aber keine weiteren Probleme hervorgerufen, wären die Verantwortlichen nur bereit gewesen, Maß zu halten. Die Fälschung der Stimmen auf einundfünfzig Prozent hätte gereicht, um den unerwünschten Kandidaten in seinem Amt zu bestätigen. Nach der Auszählung stellte sich aber heraus, dass dieser nicht nur diese nötige Mehrheit erreicht, sondern nach eigenen Angaben 62,6 Prozent der Wählerstimmen auf sich vereinen konnte – sein bei der Bevölkerung sehr beliebter Konkurrent hingegen nur 33,8 Prozent.

Was ich an dieser Sache bis heute nicht verstehe, ist die Frage, warum man da so übertreiben musste. Selbst ein extrem knapper Wahlausgang mit 50,3 Prozent hätte auch das gewünschte Ergebnis des Präsidentenpostens gebracht. Aber dann den Gegner noch verhöhnen? Neben wochenlangen Straßenschlachten mit vielen Toten war die Konsequenz vor allem, dass das aus der Wahlfälschung siegreich hervorgegangene persische Regime knapp davor war, gestürzt zu werden.

Auch hinter der Idee des Maßhaltens steht ein universelles Gesetz, dessen Kenntnis und Anwendung Ihnen viele Probleme erspart: Die Natur ist ständig um Ausgleich bemüht. Droht etwas übermächtig zu werden, entsteht folglich sofort ein starker Gegner, der es wieder in die Schranken weist.

Macht, so lehrt uns das zehnte Siegel, ist wie ein Seil,
das du über eine Schlucht spannst, um diese zu überqueren. Hältst du Maß,
gibt es dir Schutz und Halt und ermöglicht dein Weiterkommen.
Überspannst du es aber, so zerreißt es und versperrt dir jeden Weg zurück.

DAS SIEGEL IN KÜRZE

- Selbst die größte Macht kann von einer Sekunde auf die andere vergehen.

- Der Zweck von Macht ist Veränderung und nicht persönliche Befriedigung.

- Moral entsteht nur durch Macht. Ein Mächtiger ist für seine Untergebenen Maßstab und oberste Kontrollinstanz zugleich.

- Menschen wählen die Position als Untergebene, weil sie zu einem Mächtigen aufschauen möchten.

KENNEN SIE IHRE GRENZEN?

Beantworten Sie bitte folgende Fragen, um zu verstehen, was Maßhalten in der Führungspraxis bedeutet.

- ► Wie kann man Macht absichern?
- ► Für welche inneren Werte stehen Sie?
- ► Wodurch entsteht Respekt?
- ► Was bedeutet »Vertraue, aber kontrolliere«?
- ► Wie oft überprüfen Sie, ob Sie zu weit gegangen sind?
- ► Was genau erwarten Ihre Mitarbeiter von Ihnen?
- ► Sind Sie bereit, es zu geben?
- ► Ist es leicht, das Gefühl zu haben, Ihnen zu gefallen?

Denke scharf nach,
und entscheide innerhalb
von sieben Atemzügen.

aus dem Hagakure, Japan

Siegel 11
Fokussiere auf das Wesentliche

Führen heißt, Verantwortung abzugeben

Mit der Öffnung des zehnten Siegels sind Sie auf dem Weg zur Macht schon weit gekommen. Sie haben erfahren, wie sie entsteht, haben gelernt, sie zu erlangen, und wissen, weshalb man sie unter keinen Umständen missbrauchen darf. Und Sie haben wohl auch erkannt, dass die wirkliche Kraft der Macht keineswegs von Ihnen ausgeht. Weder können Sie diese erzwingen, noch können Sie sie selbst erschaffen. Sie wird Ihnen alleine von jenen gegeben, die bereit sind, ihre Stärken und Fähigkeiten in den Dienst jener Sache zu stellen, der Sie vorstehen.

Ihre Aufgabe als Machtinhaber ist es, das perfekte Zusammenspiel aller verfügbaren Ressourcen zu ermöglichen und diese so sorgsam zu verwalten, dass nichts von dem kostbaren Gut verlorengeht. Auch Macht ist nicht unendlich verfügbar und muss daher überlegt und fokussiert eingesetzt werden.

Verteilen Sie Ihre Möglichkeiten auf zu viele Ziele, bekommen Sie am Ende gar nichts. Mit Sicherheit kennen Sie die Situation, in der man sehr vieles gleichzeitig tun möchte. Man ist so voller Energie, dass man denkt, man könne die Welt aus den Angeln heben, und beginnt hundert Projekte auf einmal. Nach einiger Zeit möchte man sich einen Überblick über den Fortschritt verschaffen, muss aber reuig erkennen, seine ganze Zeit und Energie auf die

Überlegung verschwendet zu haben, ob man lieber zuerst dieses oder jenes tun solle. Ein Blick auf das Ergebnis zeigt jedenfalls, dass es sich nicht wesentlich von der Ausgangslage unterscheidet.

Eine Geschichte aus dem Talmud bringt die Notwendigkeit des Fokussierens sehr schön auf den Punkt. Zwei Juden, so heißt es dort, verirren sich in der Wüste. Das ihnen verbleibende Wasser ist so knapp, dass es nur einem von beiden das Überleben sichern kann. Teilen sie es, das ist ihnen bewusst, werden beide sterben. Angesichts der Heiligkeit des Lebens beschließen sie daher, dass einer von ihnen das ganze Wasser trinken und versuchen soll, die rettende Oase zu erreichen.

Das Wasser, mit dem eine Führungskraft haushalten muss, wenn sie überleben möchte, ist somit ihre Konzentration. Mit großer Macht umzugehen gleicht nämlich dem Lenken eines extrem starken Autos. Wie eine Ihnen hörige Masse setzt das Fahrzeug jeden Ihrer Befehle ohne Überlegung augenblicklich um – selbst, wenn es Ihnen damit Schaden zufügt. Treten Sie zum Beispiel beim Bergabfahren auf einer engen, kurvenreichen Bergstraße statt auf die Bremse das Gaspedal, beschleunigt der Wagen – selbst wenn er sich dabei selbst zerstört, indem er aus der Kurve fliegt und den Abhang hinunterstürzt.

Wie auch das Lenken eines Fahrzeugs auf einer schwierigen Strecke erfordern der Umgang mit Macht und das Führen von Menschen Ihre ganze Aufmerksamkeit. Beim Autofahren akzeptiert jeder gleichsam selbstverständlich, dass während der Durchführung eines kritischen Überholmanövers nicht der richtige Zeitpunkt ist, sich Gedanken über die Aerodynamik des Autos oder die Konstruktion der Bremse zu machen. Vielmehr wird jeder verantwortungsvolle Fahrer diese Überlegungen jenen überlassen, die er auf diesem Gebiet als Experten akzeptiert. Auch jeder Gedanke, den ein Formel-1-Pilot bei Tempo dreihundert auf irgendetwas anderes verschwendete als auf die zu fahrende Strecke, würde zwangsläufig ihn und die Zuschauer gefährden oder schlimmstenfalls sogar töten.

So führt auch der schnellste Weg, selbst die größte Macht zu verlieren, über den Versuch, alles vorgeben und alles kontrollieren zu wollen, oder darüber auch nur zu denken, dass so etwas möglich sei.

Führungskräfte, die sich bei einer solchen Praxis erwischen, sollten dringend darüber nachdenken, zu welchem Zweck man ihnen Macht übertragen hat.

Nicht nur Firmen, ganze Staaten haben schon so viel Energie darauf aufgewendet, die Macht ihrer Führer vor den eigenen Leuten zu demonstrieren, dass sie am Ende darüber ihre eigentlichen Aufgaben vergessen haben und daran zugrunde gegangen sind.

SICH AUF DIE EIGENEN FÄHIGKEITEN KONZENTRIEREN

Eine der häufigsten Analogien, die man in der Fachliteratur zum Thema Führung findet, sind der berühmte Topf und sein genauso berühmter Deckel. Fast immer gilt Letzterer als ein Symbol für Beschränkung, das heißt für die Unmöglichkeit, über ein bestimmtes Level hinauszukommen. Der Deckel, so der Tenor, muss weg.

Ich sehe das anders. Natürlich ist der Zweck eines Deckels, etwas zu beschränken. Aber wäre seine Funktion wirklich so unsinnig, würde ihn wohl kaum jemand verwenden.

Beschränkung muss nämlich nichts Schlechtes sein. Im Fall des Deckels soll dieser schlicht vermeiden, dass aus dem Topf unkontrolliert Energie entweicht und daher verlorengeht. Ohne ihn würde der Topf versuchen, den ganzen Raum zu beheizen, wozu ihm aber die Energie fehlt. Sobald das Wasser einmal kocht, was bei einem zugedeckten Topf naturgemäß mit einem Bruchteil der Energie möglich ist, kann man ihn nötigenfalls immer noch abnehmen. Tut man das aber früher, geht viel Wärme verloren, die selbst bei erneutem Aufsetzen des Deckels erst mühsam wieder nachproduziert werden muss.

Die deckellosen Töpfe der Machthaber sind ihre ständige Versuchung, sich in Dinge einzumischen, von denen sie nichts verstehen. Das kostet Zeit und Energie auf beiden Seiten und ist am Ende völlig sinnlos.

Die Aufgabe einer Führungskraft ist es,
die große Übersicht zu erlangen und auch zu bewahren.

Der Drang, die Arbeit anderer zu übernehmen und zu zeigen, dass man sie besser und schneller machen könne als diese, scheint eine grundsätzliche menschliche Eigenschaft zu sein. So beruht auch die Idee eines guten Krimis alleine darauf, dass der Leser versucht, die Arbeit des Ermittlers effizienter zu machen als dieser.

Wir können also nicht einfach ruhig lesen und warten, was passieren wird, sondern müssen den Täter möglichst vor dem Detektiv entlarven. Ein guter Autor bringt nun den Leser dazu, möglichst seine ganze Kraft auf Hinweise zu verwenden, die nur den Zweck haben, ihn in die Irre zu führen.

Mir geht es hier nicht um die Frage, ob es sinnvoll ist, dass Leser sich als Hobbydetektive versuchen. Ich möchte nur zeigen, dass Menschen offensichtlich einen natürlichen Trieb haben, sich in die Arbeit anderer einzumischen. Schließlich ist die eigentliche Aufgabe des Lesers das Lesen des Buches, aber nicht das Lösen des Falles. Trotzdem tut er es.

Was bei einem Krimi nebensächlich ist, zieht in der realen Machtausübung eine Reihe von Problemen nach sich. Auch der Tag des mächtigsten Menschen der Welt hat nur vierundzwanzig Stunden. Wenn dieser seine Zeit auf Unnötiges verschwendet, fehlt sie ihm für das wirklich Wichtige.

*Wer Macht erhalten will, muss in der Lage sein,
seine Energie ausschließlich auf sein Ziel zu fokussieren.*

»WER BEFIEHLT, SCHAFFT AN«

Im Zusammenhang mit Macht bedeutet »fokussieren können« aber noch etwas anderes. Es ist die Fähigkeit, für die eigene Bewegung zu sorgen. Wirklich mächtige Menschen erkennt man daran, dass sie niemals darauf warten oder davon ausgehen, dass andere etwas tun, wenn sie es nicht selbst ausdrücklich beauftragt haben.

So mächtig Sie auch sein mögen: Was Sie nicht selbst tun oder zumindest anfordern, passiert sehr wahrscheinlich nicht. Das hat nichts mit Dummheit oder Egoismus seitens Ihrer Mitarbeiter zu tun, sondern vor allem mit Ihrer Position.

Die Aufgabe jener, die sich unterordnen, ist das Ausführen der Anweisungen, für die andere die Verantwortung übernehmen.

SIEGEL 11

Ihre Aufgabe als Führungskraft ist das Anordnen.

Die meisten Menschen handeln nämlich nur unter der Voraussetzung, dass es ihnen angeordnet wird. Sehr schön lässt sich diese eigentlich erschreckende Tatsache meist bei Verkehrsunfällen beobachten. Nach kurzer Zeit bildet sich am Unfallort zwar eine Traube Schaulustiger, die aber nicht Hilfe leisten, sondern nur gebannt das Geschehen beobachten.

Kommt nach einiger Zeit endlich jemand vorbei, der bereit ist, das Kommando zu übernehmen, und fragt in die Runde »Wer hat Rettung und Polizei angerufen?«, ist die Antwort meist betretenes Schweigen. Natürlich hat niemand die Notrufzentrale verständigt. Jeder hat gedacht, die anderen hätten es ohnehin schon getan. Erst wenn besagte Führungsperson einer konkreten Person eine konkrete Handlungsanweisung gibt oder selbst handelt, passiert etwas.

Wichtig ist, nicht die Gruppe anzusprechen, sondern gezielt auf einen Zuseher zu fokussieren. Ansonsten überlassen alle dort, wo die Möglichkeit besteht, Fehler zu machen und sich mit einer Entscheidung zu blamieren, gerne den anderen den Vortritt.

Interessanterweise ist dieses Verhalten durchaus auch bei Führungskräften zu beobachten. Auch diese lassen oft jene Dinge zum Stillstand kommen, die eigentlich ganz dringend Bewegung bräuchten. Warum? Weil Macht auch unangenehme Aufgaben mit sich bringt. Dazu gehört auch, Entscheidungen zu treffen, die man so eigentlich gar nicht treffen möchte.

Manchmal fordert das Überleben eines Unternehmens die Entlassung eines oder auch mehrerer Mitarbeiter. Selbst wenn sie kein Problem mit ihrem Gewissen hat, steht eine Führungskraft in so einem Fall vor einem Dilemma. Einerseits muss sie das Unternehmen sanieren. Andererseits will sie nicht vor der Belegschaft als der Bösewicht dastehen, der immer ausgerechnet den sozial Schwächsten kündigt. Die Folge ist im besten Fall, dass die Verantwortung an einen externen Berater ausgelagert wird, und im schlimmsten Fall, dass gar nichts passiert.

Verstehen Sie mich richtig: Es geht hier keineswegs darum, Mitarbeiter zu entlassen, damit das Unternehmen auf Kosten der verbleibenden Kollegen seinen Gewinn maximieren kann. Es geht hier alleine darum, dass das Hinauszögern von notwendigen Entscheidungen – dieses nicht auf ein Ziel hin arbeiten – am Ende noch schlimmere Konsequenzen hat.

Wenn ich mir einen Angestellten nicht mehr leisten kann, dann kann ich ihn mir nicht mehr leisten. Dann muss ich aber auch den Mut haben, dazu zu stehen und entsprechend zu handeln.

Jede Führungskraft wird irgendwann in die Situation kommen, zwischen dem Gesamtwohl einer Gemeinschaft und einem harten Einzelschicksal entscheiden zu müssen. Sie kann dabei nur einen einzigen wirklichen Fehler machen. Er besteht darin, keine Entscheidung zu treffen und zu hoffen, dass sich die Angelegenheit ohnehin von selbst regelt.

SICH NICHT PROVOZIEREN LASSEN

In Bezug auf eine Führungsperson ist das wirklich Wesentliche immer die Führungsperson selbst. Das scheint zwar vielen klar zu sein, gleichzeitig vergessen sie aber, auch ihr Denken darauf zu fokussieren.

Als Machthaber stehen Sie im Dienst einer Masse, die darauf vertraut, dass auch Sie selbst zum Wohle aller mit Ihrer Zeit und Ihren Ressourcen möglichst sparsam und effizient umgehen.

Einer der größten Energievernichter, die es im Macht-Alltag gibt, ist das Beginnen von Dingen, die man eigentlich gar nicht zu Ende führen möchte. Meist stehen hinter solchen Aktionen Emotionen wie Zorn oder Rachsucht, doch mit diesen schwinden auch die Freude und das Interesse, das Begonnene auch fertigzustellen. Zurück bleiben weithin sichtbare, lächerliche Ruinen und viel andere unerledigte Arbeit.

Drohen Sie zum Beispiel jemandem mit rechtlichen Schritten, müssen Sie am Ende auch bereit sein, die Sache gegebenenfalls bis zu einem Prozess durch alle Instanzen durchzuhalten. Natürlich wirkt bei vielen schon alleine die Drohung mit dem Anwalt, aber was, wenn nicht? Sollten Sie auch nur den allerkleinsten Zweifel daran haben, dass Sie auch in einem Jahr noch ehrliches Interesse an der Verfolgung dieser Angelegenheit haben, vergessen Sie die Sache am besten sofort. Und falls die Absicht dahinter irgendeine persönliche Befindlichkeit ist, auch.

Wer als Machthaber Bestand haben will, darf niemals aus Emotion handeln.

Rache, so sagt man in Asien, ist ein schlechter Ratgeber. Zorn übrigens auch. Einfach, weil er wieder vergeht und einen dann ziemlich alleine dastehen lässt. Die schier ungeahnten Kräfte, die dem Zorn zu entspringen scheinen, schwinden mit ihm – schneller, als sie gekommen sind.

Auf sich selbst fokussiert zu sein bedeutet daher, zu lernen,
sich bewusst nicht provozieren zu lassen.

Niemand kann Sie in Wirklichkeit herausfordern, beleidigen oder kränken. Das müssen Sie schon selbst tun. Provokation ist ein Kampf, den Sie mit der Waffe und unter Anleitung Ihres Gegners alleine gegen sich selbst führen. Solange ich Sie nicht körperlich berühre, sind nur Sie dafür verantwortlich, wie Sie mit meiner Attacke umgehen. Reagieren Sie wie von mir gewünscht, haben Sie am Ende zwar Kraft und Gesundheit verloren und sind ein schönes Stück von Ihrem Weg abgekommen. Geändert aber haben Sie nichts. Solange es nicht Ihren Aufgabenbereich betrifft, kann es Ihnen genau genommen völlig egal sein, was andere sagen, denken oder tun.

Vergessen Sie nicht: Ein wirklich guter Kämpfer ist nicht derjenige,
der seinen Gegner vernichtet. Es ist jener, der die Arena ohne Kampf als Sieger
verlässt. Lernen Sie ganz bewusst, sich abzugrenzen und sich in nichts
hineinziehen zu lassen, das Sie nicht betrifft.

Das gilt auch für alle angeblich hinter Ihrem Rücken kursierenden Gerüchte über unzufriedene Mitarbeiter. Immer kennt jemand einen, der jemanden kennt, dem etwas nicht passt. Viele Führungskräfte verschwenden sehr viel Zeit darauf, diesen Gerüchten nachzugehen und die bösen Stimmen möglichst zum Verstummen zu bringen. Sei es, um es allen recht zu machen, sei es aus Angst, dass aus dieser vermeintlichen Unzufriedenheit irgendwann ein Aufstand entsteht. Vergessen Sie das. Menschen reden, um wahrgenommen zu werden. Sorgen Sie dafür, dass wirklich jeder

Mitarbeiter immer mit seinen Problemen zu Ihnen kommen kann. Dann werden Sie nämlich mit Erstaunen feststellen, dass viele der angeblich Unglücklichen gar nichts von ihren Problemen wissen. Erst wenn Sie der Sache eine Bühne geben, bekommt sie Macht. Solange aber die Arbeit ordentlich erledigt wird, akzeptieren Sie am besten, dass Sie das Gerede ohnehin nicht verhindern können. Sobald er einen Zuhörer hat, findet jeder etwas, mit dem er nicht zufrieden ist. Man muss nicht auf alles reagieren.

Nach asiatischer Einsicht kann es in vielen Situationen ohnehin grundsätzlich besser sein, ganz bewusst nicht zu handeln. Ein Prinzip, das die Chinesen als Wu Wei, das »Tun durch Nicht-Tun«, bezeichnen.

Franz von Assisi hat diese Idee in einem berühmt gewordenen Gebet sehr treffend auf den Punkt gebracht: »Herr, gib mir die Kraft, die Dinge zu ändern, die ich ändern kann, die Gelassenheit, das Unabänderliche zu ertragen, und die Weisheit, zwischen diesen beiden Dingen die rechte Unterscheidung zu treffen.«

Nicht überall ist unser Eingreifen vonnöten,
und nicht überall ist es gut. Wenn man Nicht-Tun nicht mit
Nichts-Tun verwechselt, kann es wahre Wunder wirken.

Ein lieber chinesischer Freund hat mir einmal auf die Frage, worin sich denn die europäische von der asiatischen Denkweise unterscheide, folgende Antwort gegeben: »Ein Europäer, der etwas nicht bekommen kann, versucht es so zu zerstören, dass es auch niemand anderer mehr bekommen kann. Ein Asiate hingegen lässt in so einem Fall erst einmal die anderen entwickeln und arbeiten. Wenn das

Produkt fertig ist, schaut er, wie er es bekommen oder nachmachen kann.«

SICH IN ANDERE HINEINVERSETZEN KÖNNEN

Müsste ich nun eine Eigenschaft benennen, die ein Machtmensch unter keinen Umständen haben darf, fiele mir zuallererst Eitelkeit ein. Wer vorne steht, nur um vorne zu stehen, ist schon aus diesem Grund dort falsch.

*Macht definiert sich nicht durch eine Position,
sondern durch die Fähigkeit, das Wesen jener zu verstehen,
die Sie führen möchten.*

Wie schon gesagt setze ich in Führungsseminaren häufig Pferde als Feedback-Trainer ein. Diese haben die praktische Eigenart, sehr empfindlich auf das Verhalten jener zu reagieren, die sie als übergeordnet akzeptieren. Sie lassen sich dabei naturgemäß aber weder von Positionen noch von Titeln beeindrucken. Eine Aufgabe der Teilnehmer ist es, ein beliebiges Pferd dazu zu bringen, über eine raschelnde Decke zu steigen. Auch wenn sie ihnen schon lange bekannt sind, machen die Tiere um solche Dinge normalerweise einen großen Bogen. Im Grunde ist die Lösung sehr einfach. Man muss lediglich das Tier für sich interessieren und ihm durch überzeugendes Auftreten zu verstehen geben, wer das Sagen hat. Lässt man sich dann auf den Rhythmus des Pferdes ein, folgt es einem, wohin man es auch führt. Die einzige Ausnahme bildet hier die Leitstute. Da ihr angestammter Platz nicht hinter, sondern immer vor der Herde ist, akzeptiert sie zwar grundsätzlich, geführt zu werden,

wird aber niemals einem anderen Wesen folgen. Eine Leitstute kann man daher nur führen, indem man ihr im Sinne des Wortes Druck von hinten macht. Konkret sieht das so aus, dass der Teilnehmer nicht in der stolzen Führungsposition vor dem Pferd, sondern hinter ihm gehen muss.

Eine Rolle, mit der sich viele nicht anfreunden können und daher bei dieser Aufgabe wieder und wieder scheitern. Wer aber bereit ist, selbst als Führungskraft nach außen hin jenen den Vortritt zu lassen, die ihre Eitelkeit vor ihre Macht stellen, wird mit Freude feststellen, dass vieles ganz von allein geht, wenn man es nur lässt.

Nutze, so lehrt uns das elfte Siegel, deine Macht
ausschließlich zu dem Zweck, zu dem sie dir übertragen wurde.
Schaue auf dich, achte auf deinen Weg, und tue nichts,
das nicht unbedingt notwendig ist, damit du dein Ziel erreichst.

DAS SIEGEL IN KÜRZE

- Macht ist nicht unendlich verfügbar und muss daher überlegt und fokussiert eingesetzt werden.
- Der Umgang mit Macht und das Führen von Menschen erfordern Ihre ganze Aufmerksamkeit.
- Untergebene handeln nur auf Anordnung. Die Aufgabe einer Führungskraft ist es daher, ihnen diese Anweisungen zu geben.
- Die schlechteste Entscheidung, die man treffen kann, ist die, keine Entscheidung zu treffen.
- Auf sich selbst fokussiert zu sein bedeutet zu lernen, sich bewusst nicht provozieren zu lassen.

ZU WELCHEM ZWECK HAT MAN IHNEN MACHT ÜBERTRAGEN?

Untenstehende Fragen sollen Sie dabei unterstützen, das Wesentliche zu erkennen.

- ▶ Warum lassen Sie sich provozieren?
- ▶ Welche Entscheidungen schieben Sie vor sich her?
- ▶ Woran erkennt man einen wirklich unzufriedenen Mitarbeiter?
- ▶ Warum ist »von hinten führen« für viele so schwierig?
- ▶ Was bedeutet »von hinten führen« für Ihre Führungssituation?
- ▶ Sind Sie bereit zu akzeptieren, was Sie nicht ändern können?

Wahre Größe ist eine innere Errungenschaft. Wenn ein Mensch wahre Größe besitzt, strahlt er sie ohne sein eigenes Zutun aus.

Hsing Yun

Siegel 12
Lebe im Bewusstsein von Macht

Wer vorne steht, gibt den Takt an

Vor vielen Jahren hatte ich einmal die Gelegenheit, eine Aufführung des Musikstückes Bolero von Maurice Ravel zu erleben. In Erinnerung geblieben ist mir von diesem Ereignis weniger die Musik als vielmehr der ungewöhnliche Aufbau der Orchesterbühne. Denn die wichtigste Rolle spielt beim Bolero ein Trommler. Fast zwanzig Minuten schlägt dieser in einem ständig gleichbleibenden Rhythmus gleichsam den Puls des Stückes. Entsprechend der Wichtigkeit seiner Position war er auch nicht als Teil des Orchesters plaziert, sondern thronte vielmehr über diesem auf einem etwa zwei Meter hohen Podest. Er, der die Macht hatte, den anderen Musikern das Tempo vorzugeben, war gleichzeitig die ganze Zeit über den neugierigen Blicken des Publikums ausgesetzt. Für mich ist dieser einsame Trommler ein schönes Sinnbild für jene Situation, in der sich, wenn auch nicht immer so plakativ, jeder Machthaber befindet.

Je weiter jemand die Leiter der Macht nach oben steigt, desto besser ist er für alle sichtbar. Gleichzeitig gewinnen auch seine Worte, seine Handlungen und seine Präsenz an Gewicht.

Selbst ein sogenannter grauer Niemand bekommt sofort öffentliches Interesse und Zuwendung, sobald er nur eine Machtposition bekleidet. Nehmen wir als Beispiel die bis

vor kurzem noch völlig unbekannte Martha Meier. Eine seltsame Dame, die niemand näher kannte, niemand wirklich mochte und die von ihrer Umgebung verächtlich als Spinnerin abgetan wurde. Bis sie eines Tages völlig unerwartet Bundespräsidentin wird. Von jetzt an ist alles anders. Plötzlich redet nicht mehr Frau Meier, vielmehr spricht das Staatsoberhaupt. Menschen, die sie am Vortag noch geschnitten haben, reißen sich nun darum, mit ihr gemeinsam gesehen oder gar fotografiert zu werden. Frau Meier gibt Autogramme, eröffnet Schulen, übernimmt Patenschaften und Charity-Aufgaben, um Projekten und Veranstaltungen zum Erfolg zu verhelfen.

DERJENIGE, ZU DEM MAN AUFSCHAUT, MACHT KEINEN FEHLER

Es geht aber noch weiter. Am Gipfel des Einflusses ist es nicht einmal mehr wichtig, ob die Worte des Mächtigen wirklich von ihm selbst stammen oder ihm nur von anderen in den Mund gelegt wurden, solange nur sein Name darunter steht. So geschehen bei Meister Laotse, der, wenn überhaupt, sein gesamtes Wissen einem Zollbeamten in ein schmales Heftchen diktiert hat. Heute füllen die Bücher mit Zitaten, die man ihm untergeschoben hat, damit er sie mit seinem Namen veredle, zumindest einen großen Wandschrank. Möglich ist das, weil zwar sehr viele den Namen des Meisters kennen, gleichzeitig aber nur sehr wenige wissen, wofür der Begründer des Taoismus eigentlich gestanden hat und was er daher überhaupt gesagt haben kann.

Wird der eigene Name missbraucht, kann das, wie im Fall

von Laotse, natürlich eine Ehre sein. Viel öfter aber führt es zu großen Problemen. Hat nämlich jemand eine gewisse Stufe der Macht erreicht, genügt oft eine geschickt verbreitete Behauptung, um seinen Ruf nachhaltig zu beschädigen oder im schlimmsten Fall gar zu stürzen.

Ich erinnere mich in diesem Zusammenhang an einen österreichischen Bundespräsidenten, der zwar nicht unbeliebt, aber auch nicht unumstritten war. Besonders der Chefredakteur einer damals wichtigen Boulevardzeitung gehörte zu seinen größten Gegnern. Als der Bundespräsident, der – obwohl verheiratet – ein Verhältnis mit seiner Assistentin hatte, einmal wegen schwerer Lungenprobleme im Krankenhaus lag, sah der Journalist seine Stunde gekommen: »Schrecklicher Verdacht: Hat er AIDS?«, lautete bereits kurz darauf die in riesiger Schriftgröße verfasste Schlagzeile. Nein, hatte er nicht, und es gab noch nicht einmal den Verdacht darauf. Aber sein Ruf war nachhaltig beschädigt. Wer weiß, so wurde sofort hinter vorgehaltener Hand getuschelt, mit wie vielen Geliebten er seine Frau noch betrogen hat? Da kann es natürlich schon sein …

Sie sehen an diesem Beispiel sehr gut, wie wichtig es ist, sich als Mächtiger seiner Lebensführung und der damit verbundenen Angriffspunkte bewusst zu sein.

Dieses Beispiel zeigt aber noch etwas anderes:

Als Machthaber müssen Sie zu allen heiklen und wichtigen Punkten ganz klar und offensiv Stellung beziehen. Wenn Menschen etwas nicht wissen, weil Sie es ihnen nicht ausdrücklich genug gesagt haben, werden sie im Zweifelsfall das für Sie Schlechte annehmen.

Ich zeige Ihnen das zur Veranschaulichung an einem ganz einfachen Beispiel aus dem Alltag. Stellen Sie sich vor, Sie müssten Sie sich zwischen zwei Sorten von Eiern entscheiden. Auf einem Karton klebt ein leuchtend rotes »Bio«-Etikett, die anderen Eier hingegen sind neutral verpackt. Wenn nun der Preis der gleiche ist: Für welchen Karton entscheiden Sie sich? Wahrscheinlich für den mit dem Aufkleber. Aber warum? Weil Sie automatisch annehmen, dass nur die Eier im Biokarton aus biologischer Landwirtschaft stammen. Andernfalls würde es ja wohl auch auf dem anderen stehen, oder? Dass der Aufkleber auch abgegangen, vergessen oder einfach für unnötig befunden worden sein könnte, werden Sie wohl kaum überlegen. Warum aber sollten Sie das auch tun? Wer seine Macht behalten möchte, sollte sich tunlichst an den berühmt gewordenen Grundsatz des Politikers Walter Fisch halten:

»Tue Gutes und rede darüber.« Schließlich dringt ins Bewusstsein Ihrer Untergebenen nur ein, was Sie ganz ausdrücklich dorthin bringen.

WICHTIG IST ALLEINE, WER WAS SAGT

Oft ohne zu wissen, warum wir es tun, gestehen wir manchen Personen mehr Autorität zu als anderen. So bekommt ein unscharfes, fehlbelichtetes Foto sofort eine »magische Aura«, wenn wir erfahren, dass sein Schöpfer ein berühmter Fotograf war. Wir versuchen den Worten eines verehrten Meisters auch dort noch einen Sinn abzuringen, wo dieser selbst keinen mehr sieht.

Sehr treffend bringt die Komikertruppe Monty Python dieses Phänomen in ihrem Film »Das Leben des Brian« auf den Punkt. In dieser Komödie wird ein Mann, der zufällig im Stall gegenüber Jesus von Nazareth geboren wurde, von der Bevölkerung für den Messias gehalten. Gleich, was er tut, die Menge sieht darin »ein Zeichen« für seine göttliche Gesandtschaft. Selbst als er der Masse entgegenschreit: »Ich bin nicht der Messias!«, nimmt diese das mit Begeisterung als Bestätigung auf. »Nur der richtige Messias«, so die Reaktion, »gibt nicht zu, dass er der Messias ist! Er ist der Messias!«

Was im Film lustig ist, kann in der Realität durchaus dramatische Folgen haben.

Stellen Menschen jemanden über sich,
sehen sie in jeder Handlung dieser Person eine Inszenierung.

Der Betroffene ist ihrer Wahrnehmung entrückt. Wie gesagt, jemand, zu dem wir aufschauen, macht keine Fehler. Da hat alles einen Grund, den wir nötigenfalls eben nicht verstehen.

Denken Sie nur einmal an einen Clown, der in der Vorstellung ungeplant stolpert, mit dem Kopf gegen das Manegen-Geländer schlägt und nun verletzt auf dem Boden liegt. Nicht Entsetzen breitet sich zunächst aus, wie es wohl bei jedem anderen der Fall wäre, sondern Lachen und Heiterkeit. Je verzweifelter der Arme um sein Leben kämpft, desto stärker sind das Gelächter und der Applaus, mit dem das Publikum die vermeintliche Darbietung bedenkt. Im extremsten Fall sieht das dann so aus, dass niemand einem Schauspieler, der auf der Bühne stirbt, zu Hilfe kommt, weil jeder denkt, das gehöre so.

WENN DU MÄCHTIG SEIN WILLST,
MUSST DU AUCH NACH MACHT AUSSEHEN

Ein wirklich mächtiger Mensch ist niemandem egal. Er hat Freunde, Feinde oder, im Normalfall, wahrscheinlich beides. Ob ihn aber die Menschen nun lieben oder hassen: Niemand steht ihm gleichgültig gegenüber.

Als Machthaber, das muss Ihnen klar sein, stehen Sie in jedem Moment auf eben dieser Bühne und stellen etwas dar. Sie stehen unter der ständigen Beobachtung Ihrer Untergebenen. Und je nachdem, wie diese zu Ihnen stehen, wollen diese Sie siegen oder scheitern sehen.

Je weiter Sie nach oben kommen, umso mehr giert die Masse danach, möglichst alles an Ihnen zu bewundern.

Daher erwarten wir auch von Mächtigen, dass sie schnelle Autos fahren, in großen Häusern wohnen und schöne Partner an ihrer Seite haben. In jede noch so kleine Abweichung von dieser Erwartung interpretieren wir augenblicklich einen tieferen Sinn hinein.

Oft ist es aber das zu starke Abweichen, das die Gefolgschaft nicht mehr versteht und den Machthaber in der Folge zu Fall bringt. Paradoxerweise bringt Macht nämlich immer eine gewisse Unfreiheit mit sich.

Stellen Sie sich nur vor, Sie erfahren, dass der mächtigste Mann der Welt in einer kleinen Wohnung mitten in einer staubigen Industriestadt lebt. Auch wenn er es hundertmal damit begründete, an diesem Ort geboren und daher besonders stark mit ihm verbunden zu sein, bei vielen Menschen würde es ihn mit Sicherheit einen Großteil seines Ansehens und damit auch seines Einflusses kosten. Das hat aber, wie schon gesagt, nichts damit zu tun, dass Machthaber andere ausnutzen oder sich auf fremde Kosten präsentieren sollen. Es geht alleine darum, dass Menschen gerade in Bezug auf Mächtige bestimmte Vorstellungen haben und sehr verstört darauf reagieren, wenn diese nicht erfüllt werden.

Denken Sie nur einmal an ein Märchen, das mit folgenden Worten beginnt: »Es war einmal ein König, der war so mächtig, dass die Kunde seiner Macht weit über die Grenzen seines riesigen Reiches in jeden Winkel der Erde gedrungen war. Nicht nur sein Einfluss, auch sein Reichtum war sagenhaft. Von überall kamen Botschafter mit Geschenken, die seine Schätze jeden Tag mehrten. Eines Tages, der König war gerade dabei, seine Wäsche zu waschen und seine Strümpfe zu stopfen …« Merken Sie, worauf ich hinauswill? Wer mächtig ist, muss auch nach Macht aussehen und sich an bestimmte Regeln halten. Er muss nicht protzen, das wäre Machtmissbrauch, aber er muss sich bewusst sein, was seine Position für andere bedeutet.

WER MÄCHTIG SEIN WILL, MUSS AUCH IN DIESEM BEWUSSTSEIN HANDELN

Als König wird man in den Augen seiner Untertanen geboren. Es ist kein Beruf, in dem man sich hocharbeiten kann. Nicht grundlos haben viele Mächtige ihren ursprünglich bürgerlichen Lebenslauf im Nachhinein den Erwartungen des Volkes angepasst. Generell funktioniert das mit dem Hinaufarbeiten meiner Erfahrung nach nur ganz selten. Die Idee, ganz unten anzufangen, um dann an die Spitze geschwemmt zu werden, bleibt meistens ein Traum.

Wer sich selbst nach unten stellt,
nur um einen Fuß in die Türe zu bekommen,
bleibt auch dort.

Schließlich denkt dann jeder, dass dort unten sein Platz sei. Lassen Sie mich das an einem Beispiel erklären. Seit dem Aufkommen der Digitalfotografie ist der Markt für Berufsfotografen härter geworden. Gerade Anfänger finden es oft schwierig, eine gute Stelle zu bekommen. Nicht, weil sie keine gute Arbeit machen, sondern weil sie eben Anfänger sind und das auch bei jeder Gelegenheit heraushängen lassen. Das führt wiederum zu folgender Überlegung: »Ich bewerbe mich jetzt einmal um die kleinen, schlecht bezahlten Jobs, die ohnehin keiner machen will. Wenn die Firma dann sieht, wie gut ich bin, geben sie mir auch die großen Aufträge, mit denen ich viel verdienen kann.« Schön wäre es. Die großen Aufträge macht nämlich – erraten – ein anderer. Jemand, der zwar noch nie für das betreffende Unternehmen gearbeitet hat, aber kleine Aufträge gar nicht annimmt. Viele Entscheider denken nämlich, dass jemand, der es notwendig hat, kleinen Aufträgen nachzulaufen, gar nicht gut sein kann. Was nichts kostet, ist auch nichts wert. Wem jetzt der Tellerwäscher in den Sinn kommt, der am Ende zum Millionär wurde, der sei daran erinnert, dass niemand alleine durch das Waschen von Tellern zu wirklichem Reichtum gekommen ist.

Tief drinnen wollen Menschen
hinauf- und nicht hinunterschauen.

DAS, WAS EIN MÄCHTIGER TUT, WIRD ZUM MASSSTAB

Macht, so habe ich am Anfang geschrieben, ist weder gut noch schlecht. Vielmehr ist sie ein universelles Ordnungswerkzeug der Natur. Nun stellt sich natürlich die interessante Frage, warum dann viele Menschen das Streben nach Macht als etwas Böses empfinden.

Was die Menschenwelt von der restlichen Natur unterscheidet, ist, dass nur in ihm so etwas wie der langfristige Missbrauch von Macht überhaupt existiert. Der Mensch hat sich ein ganz eigenes Machtsystem geschaffen, das allen Naturgesetzen entgegensteht und daher zwangsläufig scheitern muss. Möglich ist das, weil wir als wohl einzige Lebewesen über eine recht eigenartige Fähigkeit verfügen: Wir sind in der Lage, mittels Sprache Illusionen zu schaffen und durch diese Täuschungen Einfluss auf andere zu bekommen. Im Tierreich geht das nicht. Wer nichts kann, so lautet dort die simple Regel, der wird auch nichts.

Daher können Sie auch das Leittier einer Herde an einer besonderen körperlichen Verfassung erkennen, einen mächtigen Menschen aber an nichts. Für mich ist die Natur ein geniales Selbstlernsystem. Ständig lässt sie ihre Wesen gegeneinander antreten, um sicherzustellen, dass sich nur das weiterentwickelt, was sich auch bewährt.

Ganz anders verhält es sich beim Menschen. Hier zählt in vielen Fällen weder die körperliche noch die geistige Eignung. Schließlich kann man beides gegebenenfalls mit einem wichtigen Titel oder einer Position kompensieren.

Ich erinnere mich an eine TV-Show, in der man zeigen wollte, wie weit der Einfluss des Titels gehen kann. Als ein mit einem weißen Mantel bekleideter Schauspieler, in der Hand mehrere Dosen Bier, die an der Kasse anstehenden Men-

243

schen mit den Worten »Lassen Sie mich durch! Ich bin Arzt!« aufforderte, ihm den Vortritt zu lassen, reagierten die Menschen wie befohlen. Selbst wenn jemand also von einer Sache nicht einmal den Funken einer Ahnung hat, wird er als »Herr Direktor« wohl wissen, warum er was anordnet! Wohin dieses befehlsorientierte Handeln führen kann, habe ich in einem der vorigen Kapitel ausführlich aufgezeigt. »Grüße jeden Dummen«, hieß es aber bereits vor über zwanzig Jahren, »er könnte schon morgen dein Chef sein.«

Vielen »Titelkaisern« scheint aber nicht bewusst zu sein, dass gespielte Macht sehr schnell an eine Grenze kommt. Besonders schön zu sehen ist das immer dort, wo man diese Menschen aus ihrer gewohnten Umgebung herausnimmt und an einen Ort verpflanzt, an dem sie sich ernsthaft bewähren müssen.

Es ist erstaunlich, wie hilflos protzig-mächtige Titelträger, die bei genauerem Nachfragen rein gar nichts vorweisen können, plötzlich agieren, wenn andere mit ihrem Titel nichts anfangen können oder wollen. Sie, die von zu Hause gewohnt sind, ihre Mitmenschen buckeln zu sehen, wenn sie nur den Raum betreten, fühlen sich oft bei Reisen in fremde Länder plötzlich nackt, alleine und machtlos. Auch wenn Sie zu Hause ein gefürchteter Rechtsanwalt sind, wird das beispielsweise einen chinesischen Bauern, der nicht einmal weiß, was ein Anwalt überhaupt ist, nicht sonderlich beeindrucken. Hier werden Sie nicht nach dem beurteilt, wer Sie sind, sondern ausschließlich danach, was Sie ausstrahlen. Wenn Ihnen dann die Menschen noch immer ein Gefühl des Respekts vermitteln, wissen Sie, dass Sie wirklich mächtig sind.

MACHT MUSS MAN LEBEN

Macht ist nicht etwas, was man anderen vorspielt. Macht ist eine Rolle, die man wie ein guter Schauspieler in sich aufsaugt, um sie weiterzuentwickeln und zu leben.

Von dem Augenblick an, an dem Sie sich entschließen,
wirklich mächtig zu sein, muss Ihre Macht weit mehr sein
als ein ständiger Begleiter: Sie wird Teil Ihres Selbst.

Das bedeutet, Sie müssen nicht mehr denken, glauben oder hoffen, dass Sie mächtig sind. Sie sind es. Und Sie brauchen auch nicht mehr zu überlegen, mit welchen Mitteln Sie Ihre Macht erhalten oder demonstrieren können.

In vielen Lehrbüchern zum Thema Führung wird dennoch zu diesem Zweck der gezielte Einsatz von Sprache empfohlen. »Ein mächtiger Mensch«, habe ich zum Beispiel in einem gelesen, »ersucht nicht, sondern befiehlt.« Ersetzen wir in diesem Satz das Wort »mächtig« durch »gewalttätig«, und ich stimme zu.

Es nötig zu haben, andere mittels Sprache bewusst zu verletzen, ist für mich mehr ein Zeichen von Schwäche als von Macht. Vor vielen Jahren habe ich einmal die Aufzeichnung einer Rede des russischen Diktators Josef Stalin gehört. Er zählt darin einige Minuten lang stakkatoartig auf, welche Wünsche und Forderungen sein Volk an ihn hat, um die Rede dann sinngemäß mit folgenden Satz zu beenden: »Das ist es, was ihr alles wollt. Ich aber sage: Nein.«

Ob Stalin mächtig war oder gewalttätig, dürfen Sie jetzt selbst entscheiden. Aus seinem Mausoleum jedenfalls wurde er mittlerweile entfernt.

245

»Über Macht«, könnte man in Abwandlung eines bekannten Sprichwortes sagen,
»spricht man nicht. Man hat sie.«

Soll Ihre Macht von Bestand sein, bedenken Sie tunlichst in jedem Moment, dass Sie in der Position sind, für jene, die zu Ihnen aufschauen, Moral zu schaffen. Ihre Ansichten werden vielen Menschen Gesetz und müssen daher von Dauer sein. Im Bewusstsein von Macht zu leben bedeutet, wie ein guter Lügner so sehr eins mit der eigenen Idee zu werden, dass man sie selbst für die Wahrheit hält. Haben Sie diesen Status einmal erreicht, bringt das einen unschätzbaren Vorteil. Alles, was Sie tun und sagen, entspringt nicht einer kalkulierten Überlegung, sondern Ihrer inneren Überzeugung. Gleich, was Sie in der Zukunft bezüglich dieser Sache gefragt werden, Ihre Antworten folgen immer derselben Linie. Wenn Sie diese Idee einmal verinnerlicht haben, sinkt auch die Gefahr, dass Sie glauben, Ihre Macht missbrauchen zu müssen.

Sobald du Macht lebst, so lehrt uns das zwölfte Siegel,
musst du ihre Möglichkeiten nicht mehr nutzen, um gut dazustehen.
Vielmehr kannst du sie dafür einsetzen, gut zu sein.

DAS SIEGEL IN KÜRZE

- Wer oben steht, ist für alle sichtbar.
- Gleichzeitig werden seine Handlungen und Worte für die Untergebenen Maßstab und Gesetz.
- Echte Macht ist kein Begleiter, sondern Teil Ihrer selbst.
- Wer sich selbst nach unten stellt, bleibt dort auch stehen.
- Andere mittels Sprache zu verletzen ist nicht Macht, sondern Gewalt.

WIE MÄCHTIG SIND SIE?

Die Beantwortung folgender Fragen soll Ihnen Ihre eigene Macht bewusster werden lassen.

- ▶ Zu wem schauen Sie auf?
- ▶ Warum lieben Menschen Titel?
- ▶ Leben Sie im Bewusstsein von Macht?
- ▶ Woran erkenne ich das?
- ▶ Verliert ein Staatspräsident Macht, wenn er in Jeans auftritt?
- ▶ Kann man Macht an der Sprache eines Menschen erkennen?
- ▶ Warum sammeln Menschen Autogramme?

Die wahre Macht eines Herrschers
besteht nicht so sehr in der Leichtigkeit,
mit der er erobern kann, als vielmehr
in der Schwierigkeit, ihn anzugreifen,
und, wenn ich so sagen darf,
in der Unantastbarkeit seiner Stellung.

Charles de Montesquieu

Siegel 13
Werde unangreifbar

Siegen, ohne zu kämpfen

Eines Tages, so erzählt eine alte Chronik, weilte der heilige Franziskus in der Gegend von Gubbio, in deren Wäldern ein großer, schrecklicher Wolf sein Unwesen trieb. Nicht nur verschlang dieser andere Tiere, er griff sogar Menschen an. Die Bewohner trugen deswegen aus Angst Waffen bei sich, und bald wagte keiner mehr, die Stadt zu verlassen.

Als Franziskus dies zu Ohren kam, beschloss er, in den Wald zu ziehen und dem Wolf entgegenzutreten. Die Bürger von Gubbio rieten ihm von seinem Vorhaben ab. Der barmherzige Franziskus ließ sich jedoch von seinem Vorhaben nicht abhalten, bekreuzigte sich und zog los. Begleitet wurde er dabei von vielen Bürgern, die das Zusammentreffen beobachten wollten. Mitten im Wald rannte plötzlich der Wolf mit geöffnetem Rachen dem Franziskus entgegen. Dieser zeigte aber keine Angst. Er bekreuzigte das herannahende Tier und rief ihm zu, näher zu kommen. Auf einmal schloss der furchtbare Wolf den Rachen, verlangsamte seinen Lauf und legte sich wie ein Lamm zu Franziskus' Füßen nieder. Franziskus sprach zum Wolf: »Bruder Wolf, du hast großen Schaden in dieser Gegend angerichtet. Du hast nicht nur Tiere getötet, sondern auch Menschen gemordet und zerrissen. Wenn du mir versprichst, die Menschen nicht mehr zu kränken, will ich versuchen, zwischen dir und ihnen Frieden zu stiften.«

Nachdem der Wolf gezeigt hatte, dass er die Worte verstanden hatte, sprach Franziskus weiter: »Bruder Wolf, da auch du den Frieden willst, mache ich dir folgenden Vorschlag. Die Menschen werden dir bis zu deinem Lebensende zu fressen geben. Du musst keinen Hunger mehr leiden. Dafür musst du aber versprechen, weder einem Menschen noch einem anderen lebenden Wesen je wieder etwas zuleide zu tun.« Der Wolf neigte gehorsam den Kopf. Um das Versprechen zu bekräftigen, streckte Franziskus seine Hand aus. Das ehemals wilde Tier legte seine Pfote hinein und ging mit ihm in die Stadt, um den Frieden zu besiegeln. Die Menschen, die dies sahen, waren sehr verwundert, und die Kunde über diese Wandlung des einst bösen Wolfes verbreitete sich schnell in der ganzen Stadt. Der Wolf lebte noch zwei Jahre in der Stadt Gubbio. Ganz zutraulich wandelte er durch die Straßen, ohne jemandem etwas zuleide zu tun. Die Menschen versorgten den Wolf, und als er nach zwei Jahren an Altersschwäche starb, waren sie alle sehr traurig.

Diese auf einer wahren Begebenheit beruhende Geschichte ist für mich eines der schönsten Beispiele absoluter Macht. Franziskus, die charismatische Führungskraft, stellt sich hier einem delikaten Problem. Eines muss ihm klar sein: Möchte er einen für ihn tödlichen Ausgang der Sache vermeiden, muss er unter allen Umständen den Wolf dazu bringen, einem Kampf aus dem Weg zu gehen. Diesen, das ist allen bewusst, würde er in jedem Fall verlieren.

Die einfachste Lösung des Problems, scheint es, wäre, den Wolf mit einer Schusswaffe zu beseitigen. Was aber, wenn wir Franziskus als die mächtige Führungskraft sehen wollen, die er tatsächlich war? Würde ein Machthaber all jene

Menschen töten, die ihm gefährlich werden könnten, er stünde sehr bald alleine da.

»Man muss ja nicht gleich schießen«, denken Sie jetzt vielleicht, »es reicht doch, wenn man mit der Waffe in der Hand seine Überlegenheit demonstriert.« Franz hätte also dem Wolf drohen müssen. Nur, wie hätte er das anstellen sollen? Wie bedroht man einen Wolf, der sich unter einer Waffe nichts vorstellen kann und sich daher auch nicht vor ihr fürchtet? Gar nicht. Folgerichtig entscheidet sich Franz, die Angelegenheit nicht mit Gewalt, sondern mit der Macht seiner Persönlichkeit zu lösen, und tritt seinem überlegenen Gegner völlig unbewaffnet entgegen. Sein Vorhaben gelingt. Nicht nur bringt er den Wolf dazu, von einem Angriff abzusehen. Mehr noch: Das Tier stellt sich unter seine Macht.

IN DER RUHE LIEGT DIE KRAFT

Das obige Beispiel zeigt sehr schön, warum Drohen das untauglichste Mittel zur Machterhaltung ist, das man sich nur vorstellen kann.

Viele Mächtige vergessen in ihrem Machtrausch, dass Macht auf freiwilliger Unterordnung und nicht auf kämpferischer Überlegenheit basiert. Kein Machthaber wäre alleine stark genug, sich einer Gruppe entgegenzustellen.

Nun erzeugt aber schon das bloße Androhen von Gewalt die Bereitschaft zur Gegengewalt. Wer also nicht sicher sein kann, in einem Kampf seine Position verteidigen zu können, hat bereits an diesem Punkt alles verloren.

Lassen Sie mich das an einem etwas drastischen Beispiel verdeutlichen. Angenommen, Sie haben sich entschlossen, nach alter Manier ein Machtproblem mit Gewalt zu lösen. Sie stehen also Ihrem aufmüpfigen Untergebenen mit gezogener Waffe gegenüber. Plötzlich bemerken Sie, dass dieser sich nicht einschüchtern lässt, sondern entgegen Ihrer ausdrücklichen Anweisung seinerseits eine Waffe zieht. Ab jetzt können Sie nur noch verlieren. Aus dem anfänglichen Positionsstreit wird ein Kampf auf Leben und Tod. Sind Sie jetzt nicht bereit, den Gegner gegebenenfalls zu töten, ist der Kampf hiermit für Sie vorbei. Aber selbst wenn Sie sogar diese Bereitschaft haben, kann es noch schlimmer kommen: Was, wenn Ihre Waffe Ladehemmung hat? Ihr Gegner, der nun weiß, wie weit Sie zu gehen bereit sind, wird jetzt keinerlei Probleme haben, das Duell für sich zu entscheiden.

Einem Kampf, den Sie nicht gewinnen können, müssen Sie unter allen Umständen aus dem Weg gehen und einem, den Sie schon gewinnen können, auch.

Das bedeutet nicht, sich alles gefallen zu lassen. Es bedeutet zu verstehen, dass das Ziel eines Angreifers meist weniger darin liegt, den Machthaber zu beseitigen, als ihn herauszufordern, um zu zeigen, dass dieser seine Macht zu Unrecht hat.
Einerseits, das wird sehr häufig übersehen, empfinden viele Menschen es als Schwäche, wenn ein vermeintlich Mächtiger es überhaupt notwendig hat, sich mit jemand anderem zu duellieren. Und andererseits zieht Sie jeder Kampf unweigerlich zurück auf die Stufe der Gewalt. Was aber ist zu tun, wenn jemand mit hoch erhobener Streitaxt auf Sie

zuläuft? Zuerst einmal heißt es dann Ruhe zu bewahren, jede Emotion beiseitezulassen und den Gegner zu entwaffnen. Das tun Sie am effizientesten, indem Sie Respekt zeigen und Ihrem Gegner somit das Gefühl geben, selbst mächtig zu sein. Nehmen Sie den Angreifer und sein Anliegen ernst, und lassen Sie ihn das auch wissen. Dieses Verhalten schmälert nicht Ihren Ruf.

ACHTE DEINEN GEGNER UND NUTZE DEIN WISSEN

Widerstand hingegen macht angreifbar. Ist jemand mit Ihnen oder Ihrer Vorgehensweise unzufrieden, können Sie nämlich nur zwei Signale aussenden: Bereitschaft zum Gespräch oder Bereitschaft zum Kampf. Gehen Sie auf den Angreifer ein, nimmt das seiner Attacke die Energie. Er ist froh, dass Sie als der Mächtige, als den er Sie akzeptiert, überhaupt mit ihm sprechen, und sein Zorn schwindet. Es zählt nicht die Frage, ob Sie vorhaben, eine geforderte Veränderung wirklich umzusetzen. Sie müssen nur akzeptieren, dass Menschen ständig auf der Suche nach Anerkennung sind. Wenn Sie diese nun Ihrem Gegner verweigern, fordern Sie ihn damit heraus, Sie dazu zu zwingen. Vergessen Sie nicht, er hat Sie und nicht irgendjemanden anderen als Feind auserkoren, weil mit einem Sieg über Sie die größte Anerkennung verbunden wäre. Bekommt er sie nun umgekehrt von Ihnen, indem Sie ein deutliches Signal setzen, seine Macht zu akzeptieren, werden Sie augenblicklich als Gegner uninteressant. Gelingt es Ihnen noch zusätzlich, dem anderen das Gefühl zu geben, dass Sie Ihre Macht für ihn einsetzen, wird mit großer Wahrscheinlichkeit aus dem Feind ein Freund werden.

Viele große Herrscher haben das Ignorieren dieser schlich-
ten Tatsache mit ihrer Macht, manche sogar mit dem Leben
bezahlt.

Was aber, wenn das Ziel eines Angriffs nicht Veränderung,
sondern Zerstörung ist? Was also, wenn der Angreifer nicht
bereit ist, einen einmal begonnenen Angriff wieder abzu-
blasen? Dann, und wirklich nur dann, müssen Sie ihn ab-
wehren. Aber auch das nicht mit Gewalt.

*Wissen, so sagt ein altes Sprichwort, ist Macht –
im konkreten Fall Wissen über den Gegner. Wenig schüchtert Menschen
so sehr ein wie das Gefühl, dass ein anderer alles über sie weiß.*

Eine Tatsache, die sich vor allem die Geheimpolizei in
vielen Diktaturen zunutze macht. Auch wenn Sie die Anwendung dieser Technik sehr nahe an den Machtmissbrauch bringt, kann es manchmal durchaus nützlich sein,
sie zu kennen. So machten es sich die Verhörspezialisten
des Ministeriums für Staatssicherheit zunutze, dass im Lauf
der Zeit zwischen dem Beamten und seinem Opfer eine Art
Vertrauensverhältnis entstand. Man sprach also nicht nur
über vermeintliches Fehlverhalten, sondern auch über die
Vorlieben der Freunde des Opfers.

»Wenn ich nun von einem Häftling erfuhr, dass sein bester
Freund alleine von schwarzer Schokolade mit Haselnüssen
leben könnte«, erzählte einmal ein ehemaliger Mitarbeiter,
»dann habe ich das sofort aufgeschrieben. Wurde dieser
Freund nun verhaftet, da er zum Umfeld des Verdäch-
tigen gehörte, bot ihm der führende Offizier zuallererst
genau diese Schokolade an mit der Bemerkung, dass er sie
ja so gerne esse. Die Wirkung war unglaublich. Was, so

musste sich der soeben Festgenommene zwangsläufig fragen, was wissen die noch alles über mich?« Verstehen Sie mich hier nicht falsch. Ich bin ein absoluter Gegner jeder Verletzung von Privatsphäre. Auch das ist nicht Macht, sondern Gewalt. Tatsache ist aber andererseits, dass der gezielte Einsatz von Wissen schon so manchen Kampf vermieden hat.

WER VORTEILE SCHAFFT, BLEIBT EWIG MÄCHTIG

Der scheinbar effizienteste Weg, sich unangreifbar zu machen, besteht darin, nicht fassbar zu sein. Das kann aber nur eine Zeitlang gutgehen und keinesfalls auf die Dauer, weil Macht ohne ein Gesicht nicht funktionieren kann. Selbst in der Religion hätten die unsichtbaren, weil auf den Bergen oder im Himmel residierenden Götter keinerlei Einfluss, gäbe es nicht in Form von Priestern Menschen, die bereit sind, ihnen ein Gesicht und damit Macht zu geben.

Natürlich kann »die Partei« oder »das Amt« etwas anordnen, für das dann am Schluss niemand verantwortlich gemacht werden kann, da es ja angeblich niemand war. Gerade diese anonyme Form der Machtausübung, so zeigt die Geschichte, ist aber nicht besonders stabil. Menschen wollen von Menschen geführt werden und nicht von irgendwelchen ungreifbaren Phantasiegebilden. Diese Tatsache birgt eine große Gefahr in sich. Steht nämlich plötzlich einer auf und schreit in die Menge, er sei bereit, die Macht in Person zu verkörpern, bleibt von den alten Machtstrukturen meist nichts übrig als eine modernde Hülle, die hilflos zusehen muss, wie der neue Machthaber das Volk ins Verderben führt. Bleibt eine letzte Frage: Ist es möglich, so

unangreifbar zu werden, dass man seine Macht nicht mehr verlieren kann, und wenn ja, wie?

Am Anfang des Buches habe ich Ihnen gesagt, dass Macht aus der Tatsache entsteht, dass Menschen keine Veränderungen wollen. Haben sie einmal etwas als gut und praktisch für ihre eigene Bequemlichkeit und als Vorteil erkannt, so bleiben sie ihm treu, nötigenfalls, bis es mit ihnen untergeht.

Beispiele sind für mich neben der als »Datenkrake« bekannten Suchmaschine Google alle für ihren Umgang mit Daten als nicht zimperlich bekannten sozialen Netzwerke. Wie viele sinnlose Prozesse sind schon angestrengt und verloren worden, um deren Macht zu brechen? Google schickt seine Anwälte, lehnt sich zurück und lächelt. Denn das Einzige, was ihnen ihre Macht innerhalb einer Sekunde nehmen könnte, wird nie passieren: Alle Benutzer entscheiden sich für Veränderung und kehren der Suchmaschine und den Netzwerken den Rücken. Im Gegensatz zu Gewalt, das wissen Sie, ist Macht nämlich etwas, dem man sich freiwillig unterordnet. Und das tut jeder gerne.

Echte Macht, so lehrt uns das dreizehnte Siegel,
behältst du nicht durch Angriff und nicht durch Verteidigung.
Unangreifbar wird nur, wer mit Liebe und Respekt die Menschen
dazu bringt, ihn nirgends anders zu wünschen als dort, wo er gerade ist:
am Gipfel der Macht.

DAS SIEGEL IN KÜRZE

- Drohungen sind ein absolut untaugliches Mittel zur Machterhaltung, da sie die Gewaltbereitschaft Ihres Gegners erhöhen.
- Als Mächtiger können Sie bei einem Kampf nur Schaden nehmen, gleich, wie er ausgeht. Gehen Sie ihm also wo immer möglich aus dem Weg.
- Anonyme Macht ist auf Dauer nicht stabil. Bleibende Macht braucht Ihr Gesicht.
- Auch der Mächtigste bleibt nur so lange an der Spitze, wie seine Untergebenen das wollen.

WO SIND SIE ANGREIFBAR?

Die folgenden Fragen sollen Sie auf dem Weg zur Unangreifbarkeit begleiten.

- ▶ Was macht einen Machthaber unangreifbar?
- ▶ Worauf beruht die Kraft einer Drohung?
- ▶ Wer würde Sie gerne fallen sehen?
- ▶ Wer hat Interesse, dass Sie oben bleiben?
- ▶ Was kann ein Mächtiger in einem Kampf gewinnen?
- ▶ Sind Sie bereit, auch Ihre Gegner zu respektieren?

Anhang

Epilog

*Nimm gegenüber Wandel und Beständigkeit
die gleiche Haltung ein, und nichts wird deine
Klarheit trüben.*

Laotse

Dreizehn Siegel liegen jetzt offen vor Ihnen, und für mich wird es Zeit, Sie zu verlassen. Es war schön, Sie ein Stück auf Ihrem Weg zur Macht begleitet zu haben. Auch wenn es bisher oft anstrengend war, die eigentliche Arbeit liegt jetzt noch vor Ihnen: Die geöffneten Siegel warten darauf, dass Sie sie mit Leben füllen. Sie wissen nun, wie Macht entsteht, haben gelernt, sie zu erlangen, und werden verstehen, sie zu behalten. Geben Sie Anerkennung, und verzichten Sie auf Gewalt, dann werden Sie gemeinsam mit Ihren Mitstreitern jedes Ziel erreichen.

Mir bleibt nur noch ein Wort zum Schluss: Selbst wenn Sie zehntausend Armeen unter sich haben und Ihnen alle Welt zu Füßen liegt, bleiben Sie immer ein einzelner, verwundbarer Mensch. So verlockend es auch sein mag: Missbrauchen Sie Ihre Macht nicht. Denn schneller, als es Ihnen bewusst wird, könnte sie sich sonst gegen Sie richten und Sie am Ende mit Ihrer eigenen Kraft vernichten.

Aber das wissen Sie mittlerweile ohnehin. In diesem Sinne viel Erfolg beim Führen und: Machen Sie es gut.

Ihr Bernhard Moestl
Wien, im November 2010

Dank

WEM ICH DANKE SAGEN MÖCHTE

Ein Buch wie dieses könnte nie entstehen ohne die vielen großartigen Menschen im Hintergrund, die einen Autor an ihren Gedanken, Ideen und Fähigkeiten teilhaben lassen. Neben vielen anderen waren das der Fotograf, Jurist und Magier Albert Klebel, dem ich einen tiefen Einblick in das Wesen der Macht verdanke, und der Reiseleiter Alexander Kriegelstein, der mich einen verantwortungsvollen Umgang mit ihr gelehrt hat. Es waren meine Lektorin Bettina Huber, die meine Gedanken reflektiert und in Bahnen gelenkt hat und ohne die es keines meiner Bücher gäbe, Sven von Strauch, von dem der wunderbare Titel stammt, der Verleger Hans-Peter Übleis, bei dem ich so viel Freiheit habe, wie ein Autor sich nur wünschen kann, und das gesamte Team der Verlagsgruppe Droemer Knaur.

Es waren Menschen wie Gerhard Conzelmann, der mich schon vor vielen Jahren ermuntert hat, meine Ideen aufzuschreiben, Heidi Mischinger, die mir gezeigt hat, dass es im erfolgreichen Umgang mit Menschen keine Alternative zu Achtung, Liebe und Respekt gibt, Marianne Mohatschek, die mir für vieles die Augen geöffnet hat, und Irene Nemeth, deren Fragen mich zu vielen Inhalten inspiriert haben. Es waren Menschen wie Rainald Edel, Rolf Friesz, Markus Gollner und Hussein Barghouty, die mir viele Stunden ihrer Zeit geschenkt haben, Jian Wang, der mich mit den Mönchen von Shaolin in Kontakt gebracht hat, die Pferdetrainerin Barbara Mohatschek, die ihr Wissen über

Pferde mit mir geteilt hat, und nicht zuletzt meine Großmutter Erika Möstl, ohne die ich nicht wäre, wo ich heute
bin.

Euch und allen, die gleich wo auf dieser Welt mein Leben
bereichert haben, möchte ich auf diesem Weg danke sagen.

Schön, dass es euch gibt.

Eckart Lohse, Markus Wehner

Guttenberg

Biographie

Er hat alles, was ein Held braucht: Charisma, Stammbaum, Reichtum, eine schöne Frau und ein großes Amt. Er ist der politische Shooting Star. Sein Erfolg ist beispiellos. Karl-Theodor zu Guttenberg traut man die Kanzlerschaft zu. Zwei Drittel aller Deutschen sind begeistert von ihm. Doch was weiß man wirklich über den »deutschen Kennedy«? Eckart Lohse und Markus Wehner erzählen das private und politische Leben dieses Instinktpolitikers. Viele bislang unbekannte Rechercheergebnisse lassen ein genaueres Bild von ihm zeichnen. Die Autoren schildern den Werdegang, erklären Stärken und Schwächen und das beispiellose doppelte Talent Guttenbergs: Denn er ist nicht nur der interessanteste deutsche Politiker dieser Jahre und vielleicht der Zukunft, er ist der mit Abstand beste Darsteller seiner selbst und ein neuer Typ von Machtmensch.

Droemer

Heide-Marie Smolka

Mein Glücks-Trainings-Buch

Glück ist trainierbar, wie neueste
Erkenntnisse aus der Forschung belegen.

Psychologin und Glücksforscherin Heide-Marie Smolka
zeigt, wie man mit einfachen Mitteln seinem Glück auf die
Sprünge helfen kann. Sie lädt dazu ein, einen frischen Blick
aufs eigene Leben zu werfen; lädt ein zum bewussten Umgang mit Zeit, Beziehungen, Stille und innerem Glück –
die Dinge des Alltags, die oft übersehen werden. Kleine
aber sehr effektive Übungen zum Ausfüllen ebnen den
Weg zum Glück.

Das Ausfüllbuch mit Glücksgarantie.

Knaur